모두의 입양

모두의 입양

초판 1쇄 인쇄 | 2022년 1월 21일
초판 1쇄 발행 | 2022년 1월 27일

지은이 이설아
기획 진행 손성실
편집 조성우
디자인 권월화
일러스트 신병근
펴낸곳 생각비행
등록일 2010년 3월 29일 | 등록번호 제2010-000092호
주소 서울시 마포구 월드컵북로 132, 402호
전화 02) 3141-0485
팩스 02) 3141-0486
이메일 ideas0419@hanmail.net
블로그 www.ideas0419.com

ⓒ 이설아, 2022
ISBN 979-11-89576-91-2 03810

책값은 뒤표지에 있습니다.
잘못된 책은 바꾸어드립니다.

모두의 입양

사랑하기로 마음먹었을 때
잊지 말아야 할 것들

이설아 지음

추천사

세 아이를 입양하고 입양 부모와 친생부모, 입양인 삼자 자조 모임을 이끄는 저자가 길잡이 되어 입양의 편견과 환상을 걷어내고 '아동 중심 입양'으로 독자를 이끈다. 경험에서 우러난 따뜻하고 구체적인 조언도 값지지만, 이 책의 가장 큰 미덕은 저자의 사려 깊은 자기성찰에 있다. 관계를 통해 자신의 취약함을 깨닫고 스스로를 지탱하던 벽을 무너뜨리며 부단히 노력하는 저자의 '쉽지 않은 사랑' 이야기는 입양과 직접 관련이 없는 독자에게도 묵직하게 다가갈 것이다.

김희경(전 여성가족부 차관, 《이상한 정상가족》 저자)

책을 읽으면서 처음 든 생각은 내가 입양에 대해 아무것도 모른다는 점이었다. 동시에 마음 깊은 곳에서 어떤 감정이 올라왔는데, 때론 눈물이나 감격, 잔잔한 감동이 되었다. 그러면서 여기에 실린 글 한 편 한 편은 '입양'에 한정된 이야기가 아니라 우리 모두의 사랑, 인생, 성장에 대한 이야기라고 확신하게 되었다. 우리 시대, 우리 사회를 살아가며 사랑하고자 하고, 때때로 사랑이 쉽지 않아 좌절하지만 그럼에도 끝내 사랑하고자 하는 모든 이에게 이 책이 필요할 것이다.

정지우(문화평론가, 《인스타그램에는 절망이 없다》 저자)

프롤로그

홀로 횃불을 드는 심정으로

올해 초 온 국민을 공분케 했던 양천 입양 아동 학대 사망 사건은 여러 측면에서 내게 충격과 좌절감을 안겨 주었다. 어려움을 겪는 입양 가정을 지원하기 위해 매일 현장을 누비는 사람으로서 결국 이런 파국을 마주하고 말았다는 비통함, 16개월의 작은 아이가 경험했을 학대의 고통을 떠올릴 때 들던 공포감, 내가 만나고 있는 가정에서는 이런 사고가 나지 않을 거라 장담할 수 있을까 하는 회의감이 뒤섞여 한동안 무엇도 하기 힘들었다. 온 국민의 분노가 커질수록 재빨리 이 사태를 진단해 주고 나아갈 길을 제시해 줄 누군가를 찾는 굶주린 미디어와 기자들의 전화가 빗발쳤지만 아무 말도 하고 싶지 않았다. 이 크고 오래된 입양의 문제를 어떻게 한마디로, 몇 분의 인터뷰로 정리할 수 있을까. 섣불리 내뱉고 난 후 진짜 변화가 일어나기까지 내가 과연 어떤 역할을 할 수 있을까 하는 고민 때문에 인터뷰를 사양하고 말을 아꼈다.

그사이 한 입양 단체가 발표한 '이번 사건의 본질은 아동 학대이지 입양이 아니다. 입양은 죄가 없다'라는 내용의 성명서로 여론의 물살이 빠르게 방향을 바꿨다. 국민의 분노는 제대로 작동하지 않은 아동 학대 방지 시스템을 향해 끓어올랐고, 입양 생태계의 음지를 본 적 없는 언론은 성명서 내용을 열심히 퍼다 나르며 '입양은 무죄'라는 여론에 힘을 실어 주었다.

입양은 죄가 없다는 건 무슨 의미일까? 현재 우리의 입양 제도에 아무런 오점이 없다는 말일까? 아니면 사건의 가해자와 달리 입양 부모는 그런 사람들이 아니니 의심의 눈초리를 거두라는 말일까? 한 아이가 그토록 잔인하게 죽어 간

현실 앞에서 현재의 입양 제도를 냉철하게 돌아보는 논의도 없이, 입양에 대한 편견이 강화될까 전전긍긍하며 '입양의 문제가 아니다'라고 외쳐야 하는 입양 생태계를 보며 씁쓸함이 파도처럼 밀려왔다.

그로부터 몇 개월 후 화성에서 뇌사 상태에 빠져 있던 입양 아동이 사망하는 사건이 일어났고, 얼마 전에는 뇌출혈 증상을 보인 입양 아동에게 수면제를 먹인 채 여행하며 아이를 방치해 죽음에 이르게 한 부부에게 징역 3년과 5년이라는, 믿을 수 없이 가벼운 형량이 선고되었다는 기사를 보았다. 이웃에게조차 존재감이 없어 아동 학대 방지 시스템이 제대로 작동한다 해도 절대 발견할 수 없을 입양 아동과 입양 부모의 사생활. 입양 이후 아동의 삶과 권리는 준비되지 않은 부모의 인격과 잔인한 선택에 좌우된다. 일련의 사건을 겪고도 '입양은 죄가 없다'고 말할 수 있을까? 이런 사건 앞에서 우리가 정말 지키고 싶어 하는 것은 무엇일까? 우리가 매일 살아 내야 하는 실제 삶인가, 아니면 몇십 년간 공들여 쌓아 온 입양이라는 선한 이미지인가?

 입양과 관련한 사건·사고를 다루는 미디어와 대중의 시선, 입양계의 반응을 볼 때마다 '이렇게 끝나면 안 되는데, 보다 본질적인 부분을 다루지 않으면 또 되풀이될 텐데….' 하는 안타까움과 조바심이 일었다. 하지만 수십 년간 쌓아 온 입양의 숭고한 이미지, 그 공고한 이미지를 떠받치고 있는 수많은 신념에 맞서는 일이 부담스러워 내 안에서는 늘 갈등이 일었다. 그렇게 미루다 맞이한 참담한 현실 앞에서 다른 누구도 아닌 입양 생태계를 매일 누비는 자로서 직무를 유기했다는 뼈를 때리는 반성이 일었다. 지금 내가 해야 할 일은 나를 믿고 기꺼이 자신의 삶을 보여 준 이들의 살아 숨 쉬는 모습을 전달하는 것, 이미지와 구호로 박제되어 빈

약해진 입양 생태계의 현실을 조명하는 것임을 깨달았다.

  나는 이 책이 독자의 머릿속에 있는 입양의 매끈한 이미지에 균열을 내길 바란다. 사랑과 축복, 숭고한 선택과 구원의 서사라는 박제된 이미지에서 벗어나 실제 삶의 현장으로 내려와 숨소리와 생기가 가득한 생태계로 인도되는 계기가 되길 바란다. 외부에서는 상상도 못 한 '입양의 여정'을 자세히 들여다보고, 매끈한 이미지로 접하던 세계를 온 감각을 열어젖힌 채 새롭게 받아들이는 통로가 되길 바란다. 이런 이유로 이 책에 담긴 글들은 내가 십수 년 살아온 입양 생태계 곳곳에 애정 어린 보고서이자 변화를 위한 제안서에 가깝다.

  세 아이의 입양 부모이자 8년 차 입양 사후 서비스 전문가로 살아오는 동안 정말 많은 분의 삶 속으로 들어가는 행운을 누렸다. 이 책은 기꺼이 삶을 열어 나를 초대한 그들이 있었기에 나올 수 있었다. 울고 웃으며 함께 성장통을 나눴던 멋진 입양 부모님들, 입양인에 대한 깊은 사랑을 꺼내 보여 준 생부모님들, 용기 내어 자신의 삶을 공개하고 변화를 위한 목소리를 내 준 성인 입양인들, 보이지 않는 곳에서 입양 생태계를 지키고 계신 여러 기관의 활동가들, 아동 중심의 입양을 연구하며 목소리를 내 주시는 연구자들, 건강한입양가정지원센터가 걸어온 굽이굽이 길목마다 응원을 아끼지 않은 여러 동료와 후원자, 가족이 있어 지금껏 이 자리에 서 있다. 모두에게 다시 한번 감사의 인사를 전하고 싶다.

마지막으로 나의 글이 '지금, 이 세상에 꼭 필요하다'며 책 쓰기를 제안해 주신 조성우 생각비행 대표께 감사를 전한다. 그의 제안과 오랜 수고로 이 모든 글이 생명을 얻었다. 필요한 곳까지 멀리멀리 가닿길 기도한다.

차례

- 추천사 _004
- 프롤로그 _006

1장
남들과 다르지 않은 가족

두렵거나 불쌍하거나　018
감동하거나 숭고하거나　022
살아 있는 이야기가 필요하다　027
편견과 환상을 지우는 여정　030

2장
입양의 사생활, 하나

도전의 연속　034
최후의 안전기지가 되는 일　039
그들은 왜 입양을 했을까?　045
가족을 세우는 힘　050
염치도 보은도 필요치 않아　054
터지지 않은 지뢰 위에서　058
가족과 비밀, 나란히 놓을 수 없는 두 단어　061
상실을 애도할 때 얻는 유익　065
다르게 사랑합니다　071
더 쉬울 거라는 착각　077
사랑하기로 마음먹었을 때 잊지 말아야 할 것　081
동굴이 아니라 터널입니다　086
엄마가 버려야 아이가 산다　089

3장

입양의 사생활, 둘

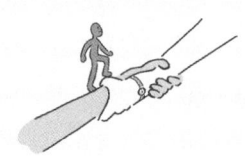

'나'로 자랄 권리　094
생일, 그녀와 우리 모두의 시간　099
고통보다 강한 무엇　104
아이가 슬퍼할 때　108
낳아 준 엄마에게 나는 어떤 의미일까?　114
섬세하고 따뜻한 분리　119
고통스러운 분리, 불안한 연결　124
너무 늦지 않게 찾아보고 싶어요　128
무대 위 세 당사자　132
두 엄마, 입양인의 손을 잡다　136
우리의 삶은 연결돼 있습니다　141
너무 우울해하지 말고 새로운 인생 잘 살아라　151
아름다운 다섯 인생, 디어 마이 라이프　156
내 삶의 모든 조각과 만나고 싶어요　163
당신의 재회를 돕습니다　168

4장
모두의 입양

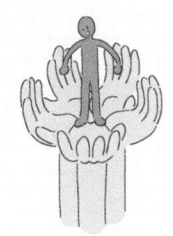

양육과 입양의 갈림길에서　174
원가족은 아동의 첫 번째 권리　180
입양 아동의 생애 상자 '소중한 너에게'　186
아동 중심 입양의 시작　193
보호종료 아동의 이모, 삼촌이 되어 주세요　196
지속 가능한 연결의 숲, 어떻게 만들까?　201
나는 여전히 파양에 반대한다　206
촘촘한 연결, 안과 밖 넘나들기　212
개인의 입양에서 모두의 입양으로　215

■ 함께 읽어요!　_220
■ 건강한입양가정지원센터　_224

1장

남들과
다르지 않은
가족

두렵거나
불쌍하거나

"내 눈에 흙이 들어오기 전까지 그 아이는 내 집에 못 들어온다."

드라마에나 나오는 대사인 줄 알았다. 결혼 4년 차에 접어든 우리 부부가 아이를 입양하겠다고 말씀드렸을 때 시어머니는 토씨 하나 안 틀리고 똑같이 말씀하셨다. 21세기가 시작되고 8년이나 지난 시기에도 저 대사가 유효하다니. 매섭고 단호한 시어머니의 표정에 앞이 캄캄해졌다. 서른이 훌쩍 넘은 아들 내외의 결정이 이렇게 단칼에 내쳐질 수 있다니, 절망감이 밀려왔다. 부모가 되겠다는 결심은 부부의 고유한 권한이 아니었나? 어르신들은 뭐가 그리 두려우신 걸까? 어느 지점에서 그토록 화가 나신 걸까? 이해할 수 없었다.

첫 아이를 입양하고 6개월 동안은 시댁에 가지 않았다. 너희는 와도 되지만 '그 아이'는 못 들어온다고 하신 말씀이 서운해 6개월간 우리 부부도 버텼다. 하지만 하루가 다르게 커 가는 아들의 햇살 같은 미소를 보며 이 어린 것이 무슨 죄가 있어 할머니 할아버지도 못 뵙나 싶은 마음과 모자란 엄마 아빠를 만난 덕에 네가 고생이 많구나 하는 마음이 들었다. 더불어 아무런 예고도 없이 듣게 된 아들의 입양 결정이 어머니의 마음을 얼마나 상하게 했을지 조금씩 헤아려졌다. 이듬해 설 연휴에 우리 부부는 아들을 둘러업고 시댁을 찾았다. 어머니는 "마음을 미처 헤아리지 못해 죄송하다"라며 용서를 구하는 아들 내외에게 문을 열어 주셨고, 우리 품에서 방글거리며 웃고 있는 아기를 처음으로 바라보셨다. 꼬물거리는 작은 생명의 힘. 어머니는 상상 속의 아이를 뒤로하고 눈앞에서 웃고 있는 뽀얗고 오동통한 손주를 향해 가만히 손을 내미셨다. 선명한 실체가 모호한 두려움을 몰아내는 순간이었다.

초등학교 4학년 무렵 큰딸은 친한 친구와 비밀을 공유하고 싶은 마음에 자신의 입양 이야기를 털어놓았는데, 친구의 반응이 너무 충격적이었다며 울먹였다. "시아야, 너 괜찮아?" 하고 물으며 자신을 한없이 불쌍하다는 표정으로

쳐다보는데, 그 눈빛이 너무 싫었다고 했다. "사람들이 저를 불쌍한 아이로 보는 게 정말 싫어요"라며 아이는 내 품에서 한참을 울었다. 다행히 그 친구는 이후로 꽤 오랫동안 딸아이와 붙어 다니며 영혼의 단짝으로 남았다. 그건 친구가 착하거나 우리 딸이 특별해서라기보다는 친구 안에 있던 어둡고 불쌍한 입양아의 이미지가 매일 만나는 엉뚱 발랄한 실체로 덮여 버렸기 때문일 것이다.

이전에 비해 공개 입양 가족이 늘었다지만 우리 사회에서 입양 가족은 여전히 소수라 그들의 삶을 엿볼 기회가 흔치 않다. 또 입양을 간접적으로나마 경험하는 통로가 주로 미디어다 보니 실제 당사자의 삶을 통해 배우는 살아 있는 입양 이야기는 희박하다. 입양에 대한 정보는 적고 그마저도 단편적인 이야기(낳지 않은 아이를 여럿 입양해서 훌륭하게 키우는 입양 부모의 모습, 어느 날 갑자기 입양 사실을 전해 듣고 무너지듯 절규하는 드라마 주인공, 친부모를 찾아 나서는 입양인의 다큐멘터리, 아이를 베이비 박스나 화장실에 남겨 둔 미혼모의 뉴스 등)다 보니 사람들이 입양을 입체적으로 이해하는 데 한계가 있다. 평범한 삶의 범주로 분류되지 못한 입양의 단편들은 대단한 선행이나 출생의 비밀 혹은 비정한 모정 따위로 대중에게 전해진다. 결국 입양의 전 과정이 아니라 고작 몇 장면이 입양의 전부인 양 사람들의 인식 속에 스며든다.

입양을 올바르게 이해할 때 얻는 유익은 입양 가족의 행복한 삶에 국한되지 않는다. 그들의 확대 가족, 이웃과 공동체, 사회가 비슷한 수준의 이해로 서로의 곁을 지킬 때 그들의 삶은 무언가 모자라거나 낯선 삶이 아닌 다양한 삶 가운데 하나의 방식으로 사회 안에 자리 잡을 수 있다. 특히 입양 아동을 밀접하게 만나는 확대 가족과 교사, 상담사, 사회복지사, 치료사, 목사, 의사, 경찰관, 판사 등의 입양에 대한 이해도는 입양 아동의 적응과 삶의 질에 직접 영향을 미치기에 더욱 중요하다.

입양에 대한 이미지가 어떻게 새겨진 건지, 당사자의 현실에 얼마나 맞닿아 있는지 잠시 돌아보면 좋겠다. 실체 없는 이미지와 감정이 건네는 편견이 아니라 실제 삶으로서의 입양, 온전한 개인으로서의 입양 당사자의 이야기에 우리 사회가 더욱 귀 기울이면 좋겠다.

감동하거나
숭고하거나

다섯 살 시아를 처음 교회에 데려간 날, 로비에서 마주친 집사님이 감동한 말투로 건넨 인사가 귀에 쟁쟁하다.

"어머, 이 아이예요? 어쩜, 집사님 모습에서 예수님이 보여요."

입양 절차가 마무리되지 않아 주말에만 집으로 데려와 1박 2일을 지내다 보육원으로 돌려보내야 했던, 한눈에 봐도 아직 가까운 사이가 아니라는 사실이 분명하게 드러나던 아이와 내가 손을 잡고 들어선 교회에서의 첫 반응이었다.
예수님이라니. 난데없는 찬사에 목이 콱 막혔다. 무언가 바람직한 결정을 했다고 생각했지만 이런 찬사를 기대한 건 아니었다. 아이와 가까워지기까지 험난했지만, 주말을 보내고 보육원으로 다시 돌아가는 아이를 보는 게 안타까워 하루라도 빨리 집으로 데려와야겠다고 생각하던 차였다.

임신 과정도 없이 어느 날 갑자기 다섯 살 아이를 데려와 딸이라고 소개했으니 이웃의 놀라고 당황한 반응은 당연했다. 대단하다, 존경스럽다, 천사다… 각자 품고 있던 환상을 이참에 모두 꺼내 입양을 찬양하는 듯했다. 아니, 입양 부모를 찬양하는 거였나?

구원 서사는 늘 사람의 마음을 흔든다. 비참하고 어려운 상황에 놓인 이가 뜻밖의 도움을 만나 삶이 극적으로 바뀌는 이야기는 뭉클한 감동 그 이상으로 우리 안의 무언가를 건드린다. 결핍과 상실을 채워 줄 누군가가 어느 날 내게도 나타나지 않을까? 그런 드라마가 현실에서 펼쳐질 가능성이 거의 없다는 걸 모르던 어린 시절에는 그 순간을 간절히 기다린다. 그러다 아무 일도 일어나지 않는 성장기를 보내고 어른이 된 뒤에는 그 시절 나처럼 도움이 필요한 누군가에게 그런 존재가 되어 주고 싶다는 꿈으로 뒤바뀌기도 한다. 그런 열망이 무의식에 자리한 이에게 입양의 이미지는 매력적인 환상 그 자체다. 현실 속 입양이 어떠한지는 상관없이 꿈꿔 오던 바를 펼칠 기회라 느끼기도 한다. 게다가 입양을 한 연예인이나 공익광고, 텔레비전에 출연한 입양 가족이 하나같이 입을 모아 이렇게 이야기하지 않는가?

"입양, 세상을 바꿀 순 없지만 한 아이의 세상은 바꿀 수 있습니다."

어둡고 슬픈 얼굴로 홀로 울고 있을 것만 같은 아이, 그 아이를 힘껏 안아 주고 곁에서 돌봐 주고 싶다는 마음, 한 아이의 세상을 바꾸는 온 우주 같은 엄마가 되고 싶다는 열망은 그렇게 여러 사람의 가슴을 입양으로 이끈다. 내가 해낼 수 있는 일인지 성찰할 기회도 없이, 상처받은 아이를 사랑하는 것이 얼마나 많은 거절감을 감내하며 눈물을 삼켜야 하는 일인지 알지 못한 채 입양의 길로 들어선다.

입양의 문을 열고 들어온 이들은 아이러니하게도 '입양이란 완벽한 해결책이 아니라 새로운 문제의 시작'이라는 사실을 제일 먼저 배운다. 한 아이의 세상을 바꿀 수 있다던 입양이 구호가 아닌 실제 삶이 되는 순간, 제대로 된 이정표도 없고 긴 여정을 안내할 지도도 없이 외딴 마을에 도달했다는 걸 알게 된다. 밖에서 보던 입양과 안에서 보는 입양의 풍경이 이렇게 다르구나 하는 사실에 놀라고, 십수 년이 지나도록 같은 어려움을 겪는 이들의 이야기가 반복해서 들려오는 현실에 또 한 번 놀라게 된다. 그러나 입양을 제대로 알지도 못한 채 선택한 자신을 탓하며 돌아서기엔 이미 아이와 가족이 된 뒤다.

낯선 아이를 사랑으로 품겠다고 결심한 나 역시 아이와 함께하는 삶이 시작되니 하루에도 수십 번씩 그 마음이 바닥으로 곤두박질치곤 했다. 다섯 살짜리 작은 아이와 씨름하느라 이러지도 저러지도 못하는 내 마음은 까맣게 변해갔지만, 아이와 얼마나 힘든 시간을 보내고 있는지 모르는 지인들은 만날 때마다 여전한 찬사를 건넸다. 입양은 사랑이고 행복이라 외치는 세상에서 나 홀로 실패한 것만 같은 좌절감을 느끼며 1년여를 아이와 씨름하다가 이대로 죽을 수는 없다는 생각으로 커밍아웃을 했다. 정말 죽을 만큼 힘들어요. 이 아이를 사랑하는 게 이토록 힘든 일인지 몰랐다고요!

입양은 불쌍한 아이를 구제하는 행위가 아니라 한 아이의 부모가 되는 일이다. 구원자라는 명예로운 자리에 올라서는 일이 아니라 부모라는 가장 낮은 자리로 몸을 낮추는 일이다. 평생을 헌신하고도 자식의 일이라면 늘 모자란 죄인처럼 고개를 숙이게 되는, 아이가 건네는 기쁨과 영광보다 아픔과 두려움을 함께 버티는 시간이 몇십 배는 긴 자리다. 아이가 나를 만나기까지 통과했을 무수한 상실의 지점, 그 아프고 두려운 자리를 함께 돌아볼 각오가 없다면 입양은 적절한 선택이 되지 못한다. 거주지가 바뀌거나 비어 있던 부모의 자리에 누군가가 들어앉는다고 하더라도 아이를 둘러싼 세상이 쉽게 바뀌지 않기 때문이다. 아이가 바라보는 곳을 향해 함께 서 있는 부모, 긴 여정을 포기하지 않도록 지지하며 도움을 건네는 공동체와 전문가, 더불어 그 오랜 시간 동안 자신을 찾아가는 성장통을 겪는 입양인의 삶이 하나로 연결될 때라야 세상은 겨우 한 뼘 바뀐다.

살아 있는
이야기가 필요하다

매년 5월과 12월은 거절의 묘를 발휘해야 하는 시기다. 가정의 달과 성탄절을 앞두고 입양 가정을 섭외하려는 방송 제작진의 섭외 전화가 쇄도하기 때문이다. 그들의 요구는 한결같다. 가족 모두가 출연해 따뜻하고 행복한 일상을 보여 달라는 것. 프로그램명과 제작 의도를 전해 들은 나는 대부분 정중히 거절하는데, 우리 아이들이 입양인으로서 자신의 삶을 전 국민 앞에 공개할 필요를 느끼지 못하는 데다 제작 의도로 볼 때 입양에 대한 새로운 이야기를 담을 여지가 없다는 판단이 들어서다.

  십여 년 전 우리 가족도 입양을 주제로 한 다큐멘터리에 출연하고 스튜디오에 나가서 입양 이야기를 하기도 했다. 입양을 홍보하겠다는 마음이라기보다 그간 접한 방송 속 입양이 천편일률적이어서 답답한 마음이 들었달까. 방송에서는 왜 매번 같은 질문을 할까? 입양 가족은 왜 모두 비슷한 대답을 하지? 가족의 수만큼 삶의 모습이 다양할 텐데 그 많은 이야기는 어디로 가고 모두가 약속이나 한 듯 입양으로 얼마나 행복한지, 아이가 얼마나 사랑스러운지, 입양이 얼마나 아름다운 일인지만 전할 뿐이다. 그렇게 반복되는 이야기가 입양에 대한 대중의 이해를 넓히는 데 얼마나 도움이 될까? 아이와 살아 내느라 고군분투하는 수많은 입양 가족은 방송을 보며 어떤 기분이 들까? 입양에 과도한 빛을 비추려는 열심이 안타깝게도 입양에 대한 평면적인 이미지만 재생산하며 편견과 환상을 공고히 하는 건 아닐까?

이제는 조금 다른 이야기를 해야 한다는 생각으로 방송 출연을 결정했다. 그동안 다루지 않던 입양 아동의 속마음, 입양 부모가 느끼는 심리적 갈등과 어려움에 대한 이야기를 들려주는 것이 입양에 대한 이해를 조금이라도 넓히는 일이라고 생각했다. 제작진과 많은 이야기를 나누며 삶으로서의 입양을 잘 담아 주길, 입양의 여러 이슈를 입체적으로 전달해 주기를 바랐다. 하지만 편집을 거쳐 완성된 영상은 제작 의도가 쉽게 변하지 않는다는 사실, 제작진이 원한 이미지가 기존과 별반 다르지 않다는 사실을 증명해 줄 뿐이었다. 순진한 나를 탓하며 앞으로는 입양에 대한 새로운 관점, 살아 있는 이야기를 담아내는 프로그램이 아니라면 협조하지 않겠다고 결심했다. 입양을 삶으로 살아 내는 당사자로서, 입양 생태계에서 입양 가정의 어려움을 매일 마주하는 이의 양심이랄까. 모두가 기대하는 이야기가 아니라 누구도 꺼내기 힘들어하는 이야기를 내어놓는 것, 입양 생태계를 한층 입체적으로 드러내는 것이 나의 몫이라 생각한다.

  며칠 전부터 전화통에 불이 난다. 섭외나 인터뷰를 위한 전화와 도움을 요청하는 입양 가정의 전화가 앞다투어 걸려 온다. 섭외 전화는 대부분 거절하거나 부재중 통화로 놔둔다. 방송 출연이나 인터뷰는 내가 아니어도 응할 사람이 많지만 위기 가정을 만나러 가는 길목엔 사람이 보이지 않기 때문이다. 미디어 속 입양과 현실의 입양, 그 간극을 생각하면 아찔하다. 안전 운전하며 장거리 상담 요청 일정이나 잘 마무리해야겠다.

편견과 환상을
지우는 여정

요즘은 예능 프로그램에서도 입양을 다루곤 한다. 작년 한 예능 프로그램이 대학생 딸을 입양한 연예인 부부의 생활을 공개하면서 대중은 대학생 딸을 입양하기로 한 젊은 부부의 용기에 감동하는 한편, 다 자란 자녀를 얻을 수 있는 성인 입양에 큰 관심을 보였다.

　방송에서 보여 주는 새로운 가족의 훈훈한 모습, 성인 자녀를 입양하는 파격적 결정을 한 연예인 부부의 모습은 낯설면서도 실로 대단해 보인다. 예쁘고 기특한 대학생 딸을 둔 40대 초반의 젊은 부부라니! 현실에서는 상상도 못 하던 삶인데 방송에서는 가능한 삶이라고 속삭이는 듯하다. 부모의 마음을 알아주고 새로운 삶에 감사하는 저런 딸이라면 성인을 자녀로 맞이하는 것도 괜찮지 않을까 하는 환상이 조용히 스며든다. 부부가 보육원에서 만난 딸과 친밀해지기까지 어떤 노력을 했는지, 후원자에서 부모가 되겠다는 결정을 하기까지 얼마나 많은 밤을 고민했는지, 성인 자녀를 입양한 가족이 현실에서 어떤 어려움을 겪는지에 대해 언급할 필요가 없는 예능 프로그램은 피상적으로 입양을 소비한다.

입양의 환상을 갖고서라도 입양을 선택한다면 좋은 일 아닌가? 그렇게라도 한 아이가 가족의 품에 안길 수 있다면, 얼마든지 긍정적 환상을 대중에게 심어 주어야 하는 것 아닐까? 이렇게 생각하는 이들이 있다. 방송에서 입양의 선함과 아름다움을 전한 입양 가족의 마음도 다르지 않았을지 모르겠다. 하지만 나는 아니라고, 입양에 대한 환상은 편견 이상으로 위험하다고 말하고 싶다. 편견을 가진 이는 입양에 거리를 두지만, 환상을 가진 이는 입양 안으로 들어설 가능성이 크기 때문이다.

우리나라의 입양 진행 과정에는 편견과 환상을 내려놓고 실제 입양의 여정을 준비시키는 안전한 과정이 충분히 마련되어 있지 않다. 대부분 외부에서 바라본 입양의 이미지, 한쪽으로 치우친 입양에 대한 관념을 그대로 안고 삶으로 들어온다. 입양 환상이 깨진 현실에서는 어떤 일도 벌어질 수 있다. 자신이 생각한 아이와 너무 다르다고, 이 아이는 잘해 주고 싶은 마음이 안 든다고, 이 아이 때문에 우리 가족이 너무 힘들어졌다면서 입양 전엔 어떤 아이라도 사랑으로 품을 것처럼 달려들던 이들이 몇 년도 지나지 않아 돌아설 준비를 하기도 한다. 그간 만나 온 위기 입양 가정들은 제대로 된 준비 없이 입양을 선택했고 비현실적인 기대를 하고 있었다고 입 모아 고백한다. 핑크빛 입양 환상의 가장 큰 피해자는 정작 입양 아동이라는 아이러니한 현실 앞에서 우린 무엇을 고민해야 할까?

입양은 평생 한 가족이 되는 여정이다. 입양으로 만났건 출산으로 만났건 가족이 함께 져야 하는 삶의 무게는 언제나 무겁다. 가족으로 엮인 이상 세상에서 가장 강력한 사랑과 미움의 감정이 그 사이를 통과하게 될 것이다. 가족이어서 감사하다고 느꼈던 시간을 다 증발시키고도 남을 만큼의 원망과 분노를 삼키는 날도 경험하게 될 것이다. 그 모든 시간에 잡은 손을 놓지 않기로 약속하는 사이가 가족이다. 인생의 문제는 간단치 않으며 인간은 누군가를 구원할 수 없다는 걸 우리는 살면서 줄곧 배워 왔다. 입양에 대한 환상과 편견을 떨치지 못한 채 시작한 입양 가족의 삶은 기대를 뛰어넘는 혹독한 대가를 요구한다는 사실을 잊지 말아야 한다.

2장

입양의 사생활,
하나

도전의
연속

나뭇가지마다 연록빛 잎사귀가 춤추는 봄날의 어느 밤, 입양을 꿈꾸거나 궁금해하는 분들을 대상으로 줌(Zoom) 오픈 클래스를 진행했다. 참여자에게 질문을 받아 하나씩 답변하는 형식으로 준비했는데, 첫 모임부터 30여 명이 신청했다.

  질문을 추려 보니 입양 절차와 자격, 아이 결연 방식에 관한 질문, 난임 가정과 유자녀 가정이 어떻게 입양을 준비하면 좋을지에 관한 질문, 큰 아이(만 1세 이상의 아동) 입양을 생각하는 가정의 질문 등이 주를 이루었다. 대부분 입양 허가가 나기까지의 과정에 대한 궁금증으로 입양 이후의 삶에 대해서는 구체적인 질문이 적었다. 까다로운 입양 절차만 잘 통과하면 꿈꾸던 삶으로 진입할 수 있을 거라는 막연한 기대 때문일까? 지나가다 접하는 풍경으로서의 입양이 아니라 발을 내딛고 살아갈 삶으로서의 입양을 꿈꾸는 분들이라면 입양 절차만 신경 쓸 게 아니라 이후의 삶에 대한 구체적 정보를 모으고 준비하는 과정이 필요하다. 우리 모두에게 입양은 처음이며 입양 부모가 된다는 것은 자신이 출산한 아이의 부모가 되는 것과 많이 다르기 때문이다.

내가 첫아이를 입양하던 2008년에는 공인된 예비 입양 부모 교육이랄 게 없었다. 입양 기관이 자체적으로 준비한 서너 시간짜리 교육이 전부였다. 그마저도 텔레비전에 방송된 입양 가족의 다큐멘터리를 시청하거나, 먼저 입양한 선배 가정이 입양으로 얼마나 행복한지, 입양 자녀가 얼마나 사랑스러운지 자랑하는 사례 발표를 40분쯤 들으면 끝났다. 당시 교육의 목적은 입양에 대한 균형 잡힌 이해를 돕기보다 두려움을 내려놓고 편히 결정하도록 이끄는 데 있는 듯했다. '두려워하거나 주저하지 말고 용기 내어 입양을 선택하세요'가 주된 메시지였던 셈이다. 그러나 허술한 예비 입양 부모 교육의 폐해가 입양 이후의 삶 곳곳에서 나타나자 2018년부터는 모든 예비 입양 부모가 수료해야 하는 공통 교육을 개발하여 실행하고 있다. 또한 가정 유형별로 (난임 가정, 유자녀 가정, 큰 아이 입양, 2회 이상 입양 등) 선택해 들을 수 있는 심화 교육 과정도 개발 중이다.

현재 예비 입양 부모를 위한 기본 교육은 하루 열 시간 교육을 들으면 수료증이 나오는 대규모 강의 형태다. 이런 강의 형식으로 쏟아지는 교육 내용은 소그룹 안에서 다양한 질문을 통해 성찰하거나, 워크숍을 통해 체감하거나, 시간이 지나며 생각이 깊어질 여지 없이 그 자리에서 대부분 휘발되어 버린다. 말 그대로 하루 여덟 시간만 견디면 수료증이 나오는 교육이라 누구든 이 과정을 어렵지 않게 통과한다. 그마저 코로나 때문에 동영상 강의로 대체한 작년의 경우, 예비 입양 부모 교육이 과연 얼마나 도움이 되었을지 궁금하다.

예비 입양 부모 교육은 입양에 대한 편견과 환상을 점검하고, '나는 왜 입양으로 부모 되기를 선택했나?' 하는 심도 있는 동기 점검이 이루어져야 하는 단계다. 또한 입양 아동이 어떤 과정을 거치며 우리에게 오는지, 아이가 그간 거쳐 온 발달 단계는 어떻게 균열이 나 있는지, 입양 부모가 겪을 수 있는 어려움이 무엇인지 충분히 이해하고 고민해 보는 시간이어야 한다. 이를 통해 예비 입양 부모는 '과연 입양이 적절한 선택인가? 나는 입양 자녀의 상실을 이해하고 충분히 지지할 수 있는 부모인가?'를 성찰할 수 있어야 한다. 예비 입양 부모 교육은 마음 놓고 입양을 선택하도록 독려하는 자리가 아니라 입양에 대한 현실적인 이해를 바탕으로 선택하도록 돕는 자리여야 한다.

입양으로 부모가 된다는 것은 생각지 못한 행복과 경이로움을 느낄 수 있는 경험인 동시에 보통의 부모가 경험하지 않아도 될 고민과 과제에 도전하는 여정이기도 하다. 입양은 전통적으로 생각해 온 가족, 엄마와 아빠, 사랑의 의미를 새롭게 해석하게 하고, 관계가 핏줄만큼이나 중요하다는 사실을 깨닫게 한다. 한편 아이의 입양 전 역사와 출생 가족의 정보를 알 수 없는 안타까움, 공개 입양으로 맞닥뜨리는 여러 곤란한 상황, 뿌리 찾기와 재회에 관한 두려움도 함께 건넨다. 낳지 않은 아이를 자녀로 받아들이는 데는 용기와 인내가 필요하다.

나는 주변에 먼저 입양을 권하지는 않지만 오랜 고민 끝에 입양을 결정한 부부가 있다면 최선을 다해 안내하고 있다. 입양 부모로 사는 삶이 만만치 않다고 느낄 때 로이스 R. 멜리나가 《입양아 부모 되기》에서 한 말을 자주 되새긴다.

> "모든 입양 부모들이 그렇듯이 나의 자신감(부모로서의 당당함)은 핏줄에서 나온 것이 아니다. 엄마임을 증명하는 법적 서류로 획득된 것도 아니다. 이 자신감은 우리가 가족으로

다져 온 관계에서 왔으며, 확신이 없을 때조차 엄마의 역할을 해 나가면서 획득한 것이다."

최후의 안전기지가
되는 일

"아는 언니가 그러더라고요. '불쌍한 애 하나 데려가 키워 주겠다는데 이렇게까지 구걸하며 할 일이야? 정말 너무 어이가 없다'고."

입양 부모 교육이 끝나고 이어진 질의응답 시간에 한 예비 입양 부모가 손을 들더니 볼멘 목소리로 이야기를 꺼냈다. 서너 살짜리 아이를 입양하기 위해 여기저기 알아보다 한 보육원과 연결되어 그곳에 있는 세 살짜리 아이와 만남을 이어가던 중에 코로나가 시작되었다고 했다. 보육 시설이다 보니 외부인 출입도 안 되고, 아이의 외출도 금지되어 만날 길이 묘연해졌는데 보육원 측에서 이렇다 할 노력도 없고 아이와 전화 연결도 쉽게 해 주지 않는다는 것이다. 아이와 가까워져야 집으로 데려올 날을 앞당길 수 있을 텐데 만남을 이어가지 못하니 입양을 진행하려는 예비 입양 부모 입장에서 속이 타들어 간다고 했다.

코로나 때문에 아이와 단절되어 당황스러운 것은 남의 일인 양 입양 절차가 늦어져도 전혀 아쉬울 게 없어 보이는 보육원 때문에 화가 난 듯했다. 나도 큰딸을 입양하는 과정에서 조금은 느껴 본 마음인지라 공감의 말을 건네려던 참에 예비 입양 부모는 '아는 언니'가 건넸다는 말을 그대로 얘기했다. '불쌍한 아이', '데려다 키워 준다', 거기에 '구걸한다'라는 표현까지 얹히니 가슴이 콱 막혔다. 아직도 이런 표현을 쓰는구나. 어쩌면 이것이 입양에 대한 일반적 인식일까? 나 혼자 21세기로 건너온 걸까? 새삼 그 단어들이 낯설었다.

입양이 더뎌져 속상한 심경을 토로했을 때 이런 말이 돌아온다면 어떤 마음이 들까? 속상한 마음을 어루만져 주고 공감해 주지 않는 언니에게 서운한 마음이 들기도 하겠지만, 오히려 미처 생각지 못하던 지점에서 정신이 번쩍 들었을지도 모른다. '맞아! 내가 불쌍한 아이 입양하겠다는데 왜 아무도 도와주지 않아서 이렇게 힘들어야 해?' 하는 생각에 속에서 뜨거운 것이 치밀어 올랐는지도 모르겠다. 입양을 결정할 때 한 번도 상상해 보지 못한 '을'의 자리에 서고 보니 스멀스멀 분노가 치밀어 올랐을 수도 있겠다.

"입양 기관에 전화했는데 아이가 없다고 1~2년 넘게 기다려야 한다더라고요."
"입양 기관에 상담을 요청했는데 반기는 느낌이 없어서 놀랐어요."
"예비 입양 부모가 무슨 예비 범죄자라도 되나요? 이렇게 많은 서류를 제출해야 한다니요."
"입양 절차가 이렇게 까다로우면 누가 입양을 하겠어요?"
"아이와 애착 형성이 중요하기 때문에 최대한 빨리 입양할 수 있도록 해야 해요."

예비 입양 부모가 많이 찾는 온라인 커뮤니티에서 어렵지 않게 찾아볼 수 있는 글이다. 입양을 계획하거나 진행 중인 예비 입양 부모 입장에서는 까다롭고 긴 입양 절차를 이해하기도 통과하기도 쉽지 않다. 나 역시 처음으로 입양 기관에 상담 전화를 걸었을 때, 3년 뒤 다섯 살짜리 딸아이를 입양하기 위해 보육원에 전화를 걸었을 때, 비슷한 느낌을 받았다. 입양 부모를 기다리는 아이가 많고 나이가 있는 아이는 더더욱 입양이 어렵다고 들었는데, 입양하겠다는 고객

(?)의 전화를 이렇게 시큰둥하게 받아도 되는 건가? 환영해 주고 적극적으로 안내해 주길 기대한 나로서는 '내가 뭐가 부족하다는 건가?'라는 생각에 살짝 기분이 상하기도 했다.

입양을 꿈꾸는 이는 많지만 실제 절차를 밟아 입양 부모가 되기까지의 과정은 만만치 않다. 더욱이 작년 들어서는 입양 대상 아동이 줄면서 예비 입양 부모의 수가 훨씬 많다는 뉴스까지 나왔다(KBS, 2021. 10. 18). 입양 대상 아동과 예비 입양 부모의 정보를 공유할 수 있도록 시스템이 마련되어 있지만, 기관 이기주의로 정보 공유가 안 되다 보니 입양 기관별 대기 인원이 다 다르다는 것이다. 안 그래도 입양을 준비하는 과정에서 부모들은 불안감이 커지기 마련인데, 영문을 잘 모르는 입양 부모만 마음고생을 더 하게 생겼다.

어렵사리 입양 부모가 되더라도 첫 마음을 지키며 평생 아이 편에 서 있기도 쉽지 않다. 입양은 불쌍한 아이를 데려다 키워 주는 선행이 아니므로 개인의 감정에 의지해 쉽게 진행되어선 안 된다. 생부모가 양육을 포기하면 아이는 국가의 보호와 책임 아래 놓이게 되므로 아동에게 영구적인 가족을 만들어 주어야 하는 아동복지 서비스로서 입양 과정은 절차가 깐깐해야 한다.

물론 그 과정에서 예비 입양 부모를 만나는 실무자들은

친절하고 사려 깊게 모든 절차를 안내하고 상담하며 관찰해야 한다. 입양은 그 뒤에 연결된 출생 가족, 입양 삼자의 공유된 삶, 정체성과 재회의 문제 등 평생에 걸친 복잡한 이슈가 자리하고 있어 고도의 전문성이 필요한 영역이기 때문이다. 아이가 다시는 분리로 인해 상처를 겪지 않고 안정된 가정에서 자랄 수 있도록 연결해 주는 일은 간단한 문제가 아니다. 따라서 쉽고 빠르게 뜨거운 마음으로 처리할 일이 아니라 천천히 신중하고 안전하게 진행해야 한다.

피치 못할 사정으로 아이를 포기하는 엄마의 입장이 되어 보면 이해하기가 조금 더 쉽지 않을까? 저요! 저요! 손 드는 저 많은 예비 입양 부모 중 어떤 사람에게 내 아이를 맡길 수 있을까? 어디서든 빨리 애착을 형성하는 것이 좋으니 제일 먼저 손 든 사람에게 보내면 될까? 아니면 재정이 충분하고 부부 사이가 좋아 보이는 기독교인 가정이면 될까? 그렇게 간단하지 않다. 한 사람이 가진 강점과 약점이 입양이라는 예기치 못한 상황과 만날 때 어떤 불꽃이 튈지 예상해야 한다. 분리와 상실을 경험한 입양 아동에게 어떤 특수한 욕구가 있는지 이해하는 시간이 필요하고, 여러 측면의 질문과 다양한 상황에 놓인 실제 입양 부모의 심정을 헤아려 보는 훈련이 필요하다.

분리와 상실의 상처가 있는 입양 아동이 새로운 가정과 만나는 과정은 몇 번이고 되풀이할 수 있는 일이 아니기에 처음이자 마지막이 되어야 한다. 입양 부모가 된다는 것은 입양 아동에게 최후의 안전기지가 되는 일이다. 그러므로 촘촘하고 탄탄한 입양 준비 과정은 예비 입양 부모 스스로도 자신의 삶을 돌아보고 취약한 부분을 보완하는 성장의 시간이 된다. 무엇보다 내 인생에 입양이 꼭 필요한 일인지 깨닫는 것만으로도 중요한 시간이라 할 수 있다.

그들은 왜
입양을 했을까?

입양 아동 학대 사건이 일어날 때마다 지인들이 정말 궁금하다는 표정으로 묻는다.

"그 양부모는 도대체 왜 아이를 입양한 거야? 입양하면 얼마나 지원을 받길래? 나는 그 양부모가 아이를 사랑하는 마음으로 입양했다고 생각하지 않아!"

입양은 타인에 대한 선하고 숭고한 사랑을 몸소 실천하는 행위라 믿어 왔는데, 입양'씩'이나 한 부모가 어떻게 아이를 학대할 수 있나 하는 생각이 들 것이다. 입양과 학대는 연결되기 어려운 단어처럼 보인다. 적어도 표면적으로는 말이다.

최근 우리를 분노케 한 두 건의 입양 아동 학대 사건(양천,

화성)의 부모는 왜 입양을 했을까? 세간의 믿음처럼 지원금이 탐났거나 아파트 청약에 유리해지기 위해서였을까? 아니면 자기 안에 있는 악한 본성을 비밀스럽게 발현하고자 한 아이를 표적으로 삼은 걸까? 조심스럽지만 둘 다 아닐 거라 생각한다. 동기가 악했다기보다 자신도 모르는 상처와 두려움이 극도의 분노와 만나 악으로 발현했을 거라 생각한다. 11년 전 내가 그러했듯, 지금 만나고 있는 여러 위기 입양 가정이 그러하듯 말이다.

현재 국내에서 입양 절차를 마무리하는 데 평균 1년쯤 걸린다. 10개월 만에 판결이 났다는 가정도 있지만 보통 1년을 훌쩍 넘는다. 입양 상담부터 가정 조사, 수십 가지 항목을 증명하는 서류(학력, 재산, 직업, 범죄 경력, 약물 중독 여부, 의료 기록 등)와 양육 계획에 대한 에세이를 제출하고, 부부의 종합심리검사(풀 배터리 검사)와 각각의 상담, 예비 입양 부모 교육 등을 거쳐야 한 아이와 결연이 된다. 여기까지 6개월에서 1년여가 걸리는데, 이후 입양 기관의 서류를 전해 받은 가정법원이 불충분하다고 느낄 시 가사조사관을 통해 다시 한번 조사가 이어지므로 입양을 준비하는 부모는 꽤 오랜 시간 불확실함을 견뎌야 한다. 과연 아이를 만날 수 있는지, 입양 부모가 될 자격을 부여받게 될지 확신할 수 없는 상태로 결연된 아동을 집으로 데려와 함께 살아 보는 과정(입양 전제 위탁)까지 통과해야 비로소 '입양 부모'라는 법원의 인정을 받을 수 있다.

입양 가정에는 입양 아동이 만 18세가 될 때까지 월 20만 원의 양육 지원금이 지원되고(2022년 기준), 입양 아동에게는 의료급여 1종의 혜택이 부여되며 지자체에 따라 200만 원 정도의 축하금이 1회 지급되기도 한다. 그러나 아이 하나 키우는 데 평균 3억 원이 든다고 절망하는 이 시대에 저 정도 지원금을 받자고 그 어려운 과정을 통과하고 18년간(지원금이 나오는 기간) 고생하며 한 아이를 키울 결심을 하기에는 현실적으로 수지 타산이 맞지 않는다. 더욱이 현재 입양 절차에서는 경제력과 자산도 중요한 요소이기에 경제적 도움이 절박한 가정도 아닐 테다. 그렇다면 왜 입양을 선택했을까?

대부분 입양 부모는 입양 아동을 '사랑할' 마음으로, 낯선 아이지만 가족으로 받아들일 수 있을 거란 믿음으로 입양 절차를 밟는다. 그러나 그들이 생각하는 '사랑'이 무엇인지, 진짜 '사랑'을 줄 수 있는 사람인지, 낯선 아이를 평생 가족으로 받아들일 수 있는 사람인지는 현실을 살아 낼 때라야 확인된다. 예비 입양 가정 조사에서 요구하는 여러 자격 조건과 증명서, 자술서, 가정 조사는 그들의 외적인 삶과 자격을 살필 수는 있어도, 어떤 상처가 아킬레스건처럼 남아 있는지, 어떤 상황과 감정이 입양 이후의 삶에서 문제를 일으킬지 파악하기 어렵다.

　입양은 숭고한 사랑으로 타인을 품는 일시적 선행이 아니라 상처 입은 아이를 가족으로 받아들여 온전히 성장하고 치유가 일어날 때까지 함께 견디고 버텨 주는 지난한 과정이다. 상처받은 이를 품는 과정은 필연적으로 자신의 상처를 건드리는 고통을 수반하며, 그 고통은 자신의 취약성을 위협한다. 여기에 입양의 함정이 있다.

　아직 사랑하는 마음이 생기지 않은 낯선 아이를 위해 밤낮없이 수고하며 아이의 필요를 채우는 일은 많은 헌신을 요구한다. 아이가 그 수고에 보답하듯 방긋방긋 웃고 품에 폭 안겨 평안한 모습을 보인다면, 자신의 선택이 옳았고 아이가 사랑스럽고 이 모든 과정이 보람되다고 느낄 것이다. 반면 아이가 계속 울어 대고 밥도 잘 안 먹고 부모의 손길을 거부한다면, 입양 부모는 아이에게 거절당하고 관계 맺기에 실패했다고 느낄 것이다. 자신의 열심과 그간 제일 중요하게 여겨 온 가치가 거절되었다는 느낌은 어린 시절 거절받은 기억과 충분히 회복되지 못한 상처를 건드릴 수 있다. 한 번도 거절당하리라 상상해 보지 못한 입양 아동에게서 느낀 거절감은 입양 부모의 분노를 일으키는 방아쇠가 될 수 있다. 나를 분노케 한 작은 아이 앞에서 취약해진 어른이 할 수 있는 가장 신속한 행동은 무엇일까? 학대는 이렇게 부모의 취약한 틈을 파고든다.

선한 의도가 반드시 선한 결말로 이어지지 않는 이유는 인간의 연약함에 있다. 인간은 모든 과정을 예측하고 통제할 수 있는 전능한 신이 아니며, 다급하고 위험한 순간에 자신의 안녕을 먼저 생각하는 존재다. 입양 부모는 인격이 선하고 훌륭해서 입양을 선택한 이들이 아니다. 그저 여러 경험과 필요가 맞물려 입양을 선택한 이들이다. 입양의 여정에는 인간의 연약한 본성을 시험하는 요소가 지뢰처럼 곳곳에 숨겨져 있다. 많은 입양 가정이 이 시험대를 통과하며 부모가 되기도 하고 남남이 되기도 한다.

선함과 숭고함에 대한 갈망, 돌봄과 사랑에 대한 욕구, 한 아이를 구원하고자 하는 바람이 자꾸만 자신 안에 인다면, 내가 입양해도 될 사람인가라는 신호로 읽기보다 그런 가치와 경험이 내 삶에 많이 필요하다는 신호로 읽으면 어떨까? 내게 무언가가 필요한 상태와 타인에게 그것을 해 줄 수 있는 상태는 전혀 다르므로, 내면의 필요를 돌아보고 자신의 삶을 건강히 세우는 일을 먼저 해야 한다.

가족을
세우는 힘

겨울이 시작된 어느 토요일 저녁, 민법상 입양 부모를 위한 교육을 진행하려고 강화로 내달렸다. 저녁 6시밖에 안 되었는데도 하늘이 어두웠다. 멀리 드문드문 불빛이 보이긴 하나 도로 앞 시야는 컴컴하기만 했다. 잔뜩 긴장한 상태로 달리다 보니 연수원이 나타났다. 썰렁하고 외진 건물을 보고 있자니 왠지 오늘 교육을 받으러 오신 분들의 마음이 느껴지는 듯했다.

   민법상 입양 부모 교육에는 주로 재혼으로 배우자의 자녀를 입양하는 가정이 오는데, 이번에는 다문화 가정 두 가정, 입양 특례법으로 입양하는 두 가정이 함께했다. 서로 처음 보는 터라 어색한 분위기를 풀 겸 입양을 생각할 때 떠오르는 이미지 카드를 선택하고 소그룹으로 나눠 그 이유를 이야기해 보자고 말씀드렸는데, 벌써 눈시울이 붉어진 분들이 계셨다.

  소그룹에서 나누는 이야기를 들어 보니 눈물을 보인 분들은 주로 배우자의 자녀를 받아들이는 입장이었다. 배우자와 달리 나 홀로 '입양 부모'가 되어야 하는 분들이라 '입양'이라는 단어만 떠올려도 마음속에 여러 소용돌이가 일어나는 듯 자꾸만 눈물을 훔치셨다. 자신이 입양 부모 교육에 오게 될 줄 몰랐다면서 입양 부모라는 말보다 '계모'나 '가짜 엄마'라는 말이 더 익숙하다고 하셨다. 순간 '아, 우리 같은 입양 부모는 대단하다거나 존경스럽다는 (어쩌면 오해에서 비롯된) 찬사라도 받지 재혼으로 배우자 자녀를 입양한 부모는 쉽사리 계모나 계부로 불리겠구나….' 하는 생각이 들었다. 가족의 형태는 가족의 사연만큼 다양해졌는데 왜 호칭은 여전히 몇백 년 전 인식에 박제되어 있는지 새삼 답답했다.

  부부가 둘 다 입양 부모가 될 때는 생물학적 연결 고리가 없는 낯선 아이를 함께 받아들이는 과정에서 자연스레 팀워크를 다지게 된다. 입양 부모라는 낯선 정체성으로 아이와 적응하기 위해 노력을 함께하고, 외부의 편견에 같이 분노하거나 하나가 된 기쁨도 같이 누리니 굳이 어느 한 사람이 상대에게 자신의 어려움과 기쁨을 구구절절 설명할 필요가 없는 것이다. 그러나 배우자의 자녀를 입양하는 경우에는 그 낯선 시간을 혼자 겪어 내야 한다는 어려움이 있다. 물론 곁에서 배우자가 지지해 주고 힘이 되어 주려고 노력하지만, 그건 어디까지나 제삼자로서 기울이는 노력일 뿐 입양하는 당사자의 마음을 듣기 전에는 상상하기 어렵다.

아이와 관계를 만들어 가는 이는 매 순간이 쉽지 않은 모호함의 연속이다. 친자녀가 새로운 배우자와 적응해 가는 아슬아슬한 시간을 지켜봐야 하는 이의 마음도 외롭기는 마찬가지일 것이다. 교집합이 없는 상태에서 멀고 희미한 빛을 바라보며 각자 그 과정을 통과해야 하니 얼마나 외롭다고 느낄까? 서로의 처지를 이해하려면 투명한 대화가 필요한데, 모든 것이 조심스러운 상태에서는 그것조차 쉽지 않을 테다. 아이를 가운데 두고 서로 오해하지 않고 서운함 없는 가족이 되기까지 꽤 오랜 시간이 걸릴지도 모른다. 재혼 가정의 수고와 외로움이 새삼 밀려온다.

한 시간 반 강의는 숨소리도 들리지 않을 만큼 모두가 집중하는 가운데 끝났다. 모두 애쓰고 있지만 그래도 이 과정에서 가장 힘들 아이의 마음을 헤아려 달라고 부탁하고, 지금은 누구에게나 어려운 시간이니 힘들 때 자책하지 말고 주변에 도움을 청하라고 당부했다. 진심이 통한 것 같아기쁜 마음으로 가방을 챙기는데, 처음부터 눈시울이 붉었던 한 어머니가 강의장 한편에서 다른 어머니 품에 안겨 엉엉 우는 모습이 보였다. 저 눈물을 얼마나 오래 참아 오셨을까? 오늘이라도 감정을 표현할 수 있어 참 다행이라고 느꼈다. 그분을 가만히 안고 계신 다른 어머니도 똑같이 눈시울을 적셨다.

우리는 간혹 한계 지점에서 생각지도 못한 지지 그룹을 만난다. 지도도 없이 낯선 땅에 정착한 것만 같은 두려움이 밀려오고 나 혼자만 길을 잃었다는 자괴감이 들 때, 괜찮다고 나도 그랬다고, 우리 같이 가 보자고 손을 잡아 주는 이들을 만나게 된다. 나도 예외는 아니었다. 여러 사람의 어깨를 빌리고 손을 잡으며 긴 터널을 지나왔다. 가족은 구성원의 노력만으로 세워지지 않는다. 더 큰 품으로 지지와 돌봄을 건네는 공동체 속에서 제자리를 찾아간다. 그렇게 우리는 서로의 삶을 응원하는 이정표가 된다.

염치도 보은도
필요치 않아

나를 입양해 주어서 고맙다는, 내가 입양되지 않았다면 어 땠을지 생각해 보면 지금이 얼마나 감사한지 모르겠다는 편지를 자녀에게 받고 감동해 펑펑 울었다는 어느 연예인의 고백을 듣는데 마음이 불편했다. 지난 16년간 우리 아이들에게 백 통도 넘는 편지를 받았지만 그런 내용이 우리 사이에 오간다는 건 나로서는 상상하기 어렵다.

입양과 관련한 이야기를 개방적으로 나누면서 자란 우리 아이들의 편지에는 가족에 대한 사랑 고백과 엄마에 대한 감사, 형제의 만행(?)에 대한 고소·고발은 있어도 자신을 입양해 주어 감사하고, 입양되지 않았다면 어땠을지 생각해 보니 지금이 정말 감사하다는 표현은 찾아볼 수 없다. 내가 그런 편지를 받았다면 어땠을지 단언하긴 어렵지만 적어도 기특하다고, 감동적이라고 느끼지는 않았을 테다.

지난 몇 년간 성인 입양인들과 교제하면서 새롭게 알게 된 점은 그들 마음속에 입양 부모에 대한 '보은' 심리가 아주 강하게 자리 잡고 있다는 사실이다. 자녀라면 응당 부모의 사랑과 수고에 감사하는 마음을 갖기 마련이지만, 그 마음이 짠한 애정이나 감사가 아니라 '보은'이라는 감정으로 표현되는 것은 어딘가 어색하다. 그런데 입양인들은 보은이라는 단어를 썼다. 물론 부모를 향한 마음에 보은만 있는 것은 아니지만, 입양 부모인 내게 그 단어는 왠지 모를 서글픔으로 다가왔다. 부모와 자녀 관계 사이에 어째서 그 단어가 끼어들어야 할까? 우리 아이들도 그런 단어를 가슴 한편에 품은 채 크고 있을까? 그들도 '지금의 부모님께 입양되지 않았다면 어땠을까?', '얼른 잘 자라서 부모님께 은혜를 갚아야지!' 이렇게 생각하고 있을까? 생각할수록 마음이 시렸다. 입양인에게 보은이 여러 다른 욕구(뿌리 찾기나 재회)를 기꺼이 통제할 만큼 강력한 감정이란 걸 확인한 순간, 마음속 슬픔이 배가되었다.

나는 우리 아이들을 입양으로 만났다는 사실을 하루도 잊은 적이 없다. 그것은 내가 낳은 내 새끼가 아니라는 사실을 일깨우기 위해서가 아니라 입양한 내 아이들의 특별한 필요와 욕구를 잊지 않겠다는 엄마로서의 각오다. 그러나 같은 마음 선상에서 우리 아이들이 자신의 입양 사실을 매일 자각하거나 그 때문에 부모에게 감사하며 살지 않았으면 좋겠다고도 생각한다. 불쑥불쑥 입양 관련 이슈가 올라올 때는 직면해야겠지만 인생 대부분을 그저 자신의 욕구와 내면에 충실하게 살길 바란다. 사랑과 감사만큼 원망과 불평을 똑같이 표현하는 자유를 누렸으면 좋겠다. 우리 아이들의 삶에 '보은'이라는 두 글자 대신 '가족'이라는 단어가 선명해지길 바란다.

2년 전쯤 세 녀석이 하도 속을 뒤집고 엄마의 수고를 모른 채 자기네 하고 싶은 것만 주장하길래 속풀이 겸 아버지와 통화한 적이 있다. 그날따라 속이 많이 상한 나는 아버지께 위로라도 받으려는 심정으로 아이들 행실을 열심히 고발하며 녀석들이 얼마나 염치가 없는지 토로했다. 내 이야기를 들으시던 아버지께서 단호하게 한마디 하셨다.

"염치 얘기하지 마라. 부모 자식 간에 염치를 자꾸 따지면 그건 부모 자식 관계가 아닌기라."

염치없어도 되는 관계, 보은을 떠올릴 필요가 없는 관계. 그런 관계를 맺고 있다고 믿었는데 내 속 저 깊은 곳에 아직도 그 개념이 자리 잡고 있었구나 깨달은 순간 얼굴이 얼마나 벌게졌던지. 맞아, 나도 우리 부모님께 참 염치없는 딸이었지. 48년을 그렇게 살아왔지. 하지만 염치를 따지는 관계는 가족이 아니라는 말에 정신이 번쩍 든 날이었다.

보은에서 염치까지 생각이 길었다. 우리 아이들이 좀 더 염치없이 요구하고 자신의 욕구에 솔직하며 끝 간 데 없이 발악해도 안전한 부모가 되어 주고 싶은 마음만 건진다. 염치없는 관계, 은혜 갚을 필요 없는 관계. 그래야 진짜 가족 아니겠는가?

터지지 않은
지뢰 위에서

 모르는 번호로 전화가 왔다. 중3 딸을 비밀 입양으로 키운 어머니가 이혼을 앞두고 고민 끝에 물어물어 내 번호를 알아내 상담을 청한 것이다. 이혼 진행 중이라 너무 괴로운데 딸까지 정신없이 방황하며 엄마를 힘들게 하니 이제라도 입양 사실을 말해 주어 '아이가 현실을 깨닫고 정신을 차리도록' 해 주는 편이 좋지 않겠느냐고 조심스레 물었다.

 절대 아니다. 입양 사실을 이야기하기에 가장 나쁜 타이밍이다. 비밀 입양 가정이 맞닥뜨릴 수 있는 최악의 상황이다. 가정 해체로 불안과 슬픔을 느끼고 있을 사춘기 아이에게 "입양 사실을 이야기해서 마음을 다잡게 하고 싶다"는 어머니의 생각을 전해 듣는데 가슴이 아렸다. 입양 아동에게 이보다 더 잔인하고 괴로운 순간이 또 있을까?

 아이가 입양 사실을 전해 들으면 어떻게 느낄 것 같냐고

되물었더니 "엄마의 간절한 마음이 전달되지 않겠냐?"고 한다. 목소리와 말투로 보아 아이를 포기하고 싶다거나 그간의 마음고생을 돌려주려는 악한 의도가 있는 것 같지는 않았다. 당면한 괴로움이 너무 크고 다른 방법이 소용없었으니 이렇게라도 해야 하지 않을까 하는 고민이 흘러나온 듯했다.

어머니도 쉽지 않았는지 떨리는 목소리로 띄엄띄엄 말을 이어 갔다. 듣다 보니 안타까워서 그간 마음고생이 심하셨겠다고 공감했더니 오래 참았던 눈물이 터져 나오는지 말을 잇지 못한다. 평생 지켜 줄 수 있을 거라 믿은 비밀이 사춘기 딸의 방황과 가족 해체라는 위기 앞에서 터지지 않은 지뢰처럼 때를 기다리고 있었다.

"이렇게 상담할 수 있는 곳이 있는 줄 몰랐어요…."

짧은 말 속에 수만 가지 회한이 느껴진다. 이 어머니와 같은 고민을 하는 가정이 얼마나 많을까? 캄캄한 현실을 두고 어디서 어떻게 도움을 받아야 할지 막막하기만 할 이런 가정을 위한 사후 서비스는 어디서부터 어떻게 준비되어야 할까? 머리가 다시 팽 돈다.

입양 사실을 전하는 것은 딸과의 관계를 조금 더 안정시킨 뒤에 생각하자고, 지금 그 사실을 알리는 것은 좋은 방법이 아니라고 말씀드렸더니 다행히 수긍한다. 답답하고 다급한 마음에 전화했다며 고맙다고 하시길래 도움이 필요할 때 다시 연락하시라고 전하며 통화를 마쳤다.

　비밀 입양으로 자란 성인 입양인, 비밀 입양으로 자녀를 키운 입양 부모, 자녀를 입양 보낸 사실을 평생 가슴에 묻고 사는 생부모. 이렇게 오랜 시간 동안 우리 사회에서 입양은 비밀과 단절투성이였다. 비밀로 둘러싸인 삶이 양산하는 폐해는 우리의 상상을 넘어선다. 끝이 보이지 않는 지뢰밭에서 출구를 찾고 있을 어머니와 딸 생각에 쉽사리 잠이 오지 않는다. 힘들수록 딸을 더 끌어안아 주시길, 도움이 필요할 때 용기 내어 부디 전화 주시길 기도한다.

가족과 비밀,
나란히 놓을 수 없는 두 단어

벚꽃이 만개한 어느 봄날, 한 입양 기관의 초대로 부모 교육을 하러 갔다. 처음 뵙는 기관장님이 "우리 직원들이 적극적으로 추천해서 모셨다"며 환대해 주신 덕에 편안한 마음으로 교육을 시작했다. 서른 가정의 부모님이 모였는데, 자녀가 이미 10대를 넘긴 가정부터 입양 사실을 알릴 때가 된 학령기 아동 가정, 아기띠를 두른 채 강의를 듣는 새내기 가정까지 여러 세대가 뒤섞여 있었다.

이날 강의는 공개 입양에서 가장 중요한 요소인 '입양 말하기'에 관한 내용이었다. 입양 부모 입장에서 바라보던 입양은 잠시 밀어 놓고 '입양 자녀가 경험하는 입양'에 공감하며 아이와 어떻게 이야기할지 전달하는 강의였다. 처음 듣는 분들은 다소 낯설어하고 당황스러워하기도 하지만 강의가 끝난 뒤 "아이의 세계로 들어가 입양을 새롭게 이해할 수 있었다", "입양 말하기의 중요성을 다시 깨달았다"라는 피드백을 기대한지라 그날도 열심히 강의를 이어갔다. 그런데 갑자기 맨 뒤에 앉은 어머니가 첵 일어났다. '뭐가 불편하신가? 화장실에 다녀오시려나?' 생각하는 찰나 그분은 한쪽 구석에서 강의를 듣던 기관장님을 매섭게 노려보며 한마디 쏘아붙였다.

"십몇 년 전 입양할 때는 비밀로 입양해서 키워도 된다고 하더니 인제 와서 이런 교육을 하면 우리더러 어떻게 하라는 거예요?"

파르르 떨리는 목소리에서 분노가 묻어 나왔다. 이제껏 자신과 가정을 지탱해 오던 세계관이 하루아침에 와르르 무너지는 느낌이었을까? '작은 아이가 뭘 알겠어. 입양 사실을 비밀로 하고 내 자식으로 똑같이 키우면 될 거야'라는 믿음으로 십수 년 입양 자녀를 키워 왔을 그분에게 이 교육이 얼마나 큰 비수가 되었을까? 비밀 입양도 괜찮다고 권하던 시대와 기관과 이웃은 모두 어디로 갔을까? 이제 와 시대가 바뀌었으니 공개 입양에 관해 교육받으라고 권유하는 이 시트콤 같은 비극은 누구의 책임일까?

아이를 품에 안고 입양 사실을 봉인하면서부터 의식의 뒤편으로 밀어 두었을 '입양'이라는 단어. 생부모, 입양인, 입양 부모를 뜻하는 '입양 삼자'라는 용어와 그들의 삶이 곳곳에서 공유되고 연결된다는 이야기, 건강한 입양인의 정체성은 자신의 역사를 아는 데서부터 출발하므로 부모가 적극적으로 지원해 주어야 한다는 이야기가 그분에게 가당키나 할까? 시대가 암묵적으로 동의했고, 기관과 이웃, 가족 모두가 안전한 선택이라 권유하던 비밀 입양의 삶이 어느새 돌아 나와야 할 막다른 골목이라는 사실을 알게 되었을 때, 그 황망함을 어떻게 풀어 가야 할까? 쏟아 내고 싶은 말이 훨씬 더 많았을 텐데 짧은 비명처럼 한마디만 남긴 채 강의장을 뛰쳐나가던 어머니의 뒷모습이 내내 마음에 걸렸다.

우리 사회에서 입양은 계속 변해 왔다. 집 앞에 버려진 업둥이를 거둬들여 조용히 키우던 시대, 내가 낳은 아이인 양 호적에 올려 비밀스럽게 키우던 시대는 지나갔다. 지금은 수십 가지 서류와 가정 조사를 통해 부부의 건강성을 판단하고, 예비 입양 부모 교육을 이수한 뒤 일정 기간 아동과 함께 살며 잘 적응하는지 파악한 다음에야 가정법원에서 입양을 허가해 주는 시대다.

아무 준비가 되지 않은 부모에게 비밀 입양되어 자랐다

가 갑작스레 입양 사실을 알게 되면서 정체성의 혼란과 가족 관계의 단절을 겪는 입양인 이야기를 너무나 많이 들어왔다. 아이에게 상처 주기 싫어서였건 부모 자신의 상실을 외면하기 위해서였건 가족 내에서 입양을 비밀에 부쳐 둔 대가는 예상보다 훨씬 커서 가족의 삶에 큰 균열을 낸다.

가정 내에서 입양 사실을 개방적으로 다루며 소통하는 것이 중요한 공개 입양의 시대가 왔다. 부모의 연애 시절 이야기와 결혼 이야기, 첫 보금자리에 관한 기억부터 아이 입에서 처음 '엄마'라는 소리를 들던 날의 감격까지, 가족의 역사는 회자되고 공유되며 견고한 추억이 된다. 입양은 아이에게만 일어난 사건이 아니라 다 함께 통과한 가족 됨의 역사이므로 입양에 대한 이야기를 개방적으로 나누는 것은 지극히 당연하다. 아직도 '가족'이라는 단어와 '비밀'이라는 단어가 나란히 놓일 수 있다고 생각하는지 궁금하다.

상실을 애도할 때
얻는 유익

"입양한 딸아이와 행복하게 지내다가도 임신해서 배가 부른 여자와 우연히 마주치는 날에는 나도 모르게 마음이 가라앉고 아이에게 짜증 낸다는 걸 알았어요."

"입양으로 자녀를 얻고 부모가 되었어도 내가 아이를 낳지 못했다는 사실은 달라지지 않더라고요. 그걸 인정하는 게 너무 힘들었어요. 입양해서 제 아이를 사랑하면 그런 마음은 안 들 줄 알았거든요."

"저는 난임으로 인한 트라우마가 없을 거라고 생각하며 살아왔어요. 입양하면 그게 다 사라진다고 생각했거든요. 그런데 우리 아이에게 '내가 너를 낳지 않았어'라는 말을 꺼내려는 순간, 말할 수 없는 상실의 고통이 올라오는 걸 느꼈어요."

"첫아이를 입양하고 난임의 상실감을 어느 정도 해소했다고 생각했고, 둘째를 입양한 뒤로는 거의 사라졌다고 생각했는데, 입양 이후 생각지도 못한 부분에서 상실감을 느꼈어요. 이렇게 사랑스럽고 예쁜 아이들을 내가 낳아 주지 못했다는 점에서 슬픔이 생기더라고요. 우리 아이들이 가끔 물어요. '엄마는 왜 나를 낳아 주지 못했어요?' 그럴 때 슬픔이 다시 밀려오곤 해요. 그러면 감정을 감추지 않고 속상한 마음을 아이들과 함께 나눠요."

우리나라에서 난임 입양 가족은 독특한 지위를 차지한다. 전체 입양 가족의 절반이 넘는 비중에도 불구하고 수면 위에서 존재감을 나타내는 경우가 드물다. 공개 입양을 생각하고 입양 부모가 되었지만 난임 사실을 떠올리게 하는 '입양'과 '공개'는 여전히 부담스럽고 아프기 때문이다.

입양으로 얻은 자녀는 눈에 넣어도 아프지 않을 만큼 예쁘고 부모로서의 일상도 너무 행복하지만, 가슴 한편에 난임으로 인한 상실감이 여전히 남아 있을 수 있다. 그동안 우리 입양 문화는 입양 자녀를 키우는 것이 출생 자녀를 키우는 것과 별반 다르지 않다고 강조하고, 입양 자녀를 가슴으로 '낳은' 아이라고 홍보해 왔기에, 입양 부모가 난임의 상실을 말하기는 쉽지 않았다. "이제 나는 아무렇지도 않은걸요"라고 말하는 사람들과 "입양은 아이와 부모 행복의 완성"이라는 모두의 기대감 앞에서 내밀한 상실감을 토로하기란 무척 어려운 일이다.

모든 감정은 고유하며 옳다. 긍정적 감정은 옳고 부정적 감정은 그른 것이 아니라 모든 감정은 그 자체로 중요한 자기 이해의 통로다. 우리는 부정적 감정을 드러내지 않기를 요구하는 문화에서 성장했고, 입양 진행 과정에서 난임의 상실을 어떻게 애도(의미 있는 대상을 잃어버린 상실에 대한 정상적인 반응으로 슬픈 감정을 느끼고 마음껏 울기, 한동안 멍한 상태로 머물기 등 고통을 통과하며 회복으로 돌아오는 과정을 말한다)하고 입양 부모의 길로 들어서야 하는지 제대로 안내받지 못했다. 입양으로 난임의 상실이 치유되어 행복하다고 말하는 목소리만큼이나 입양하더라도 난임의 상실이 여전히 존재한다는 목소리 역시 같은 크기로 전해져야 한다. 그러나 입양 부모가 된 다음 그런 말을 꺼내는 것은 입양 이후의 삶이 행복하지 않다고 말하는 것만 같아서, 혹은 이런 감정을 느끼는 것이 자신의 실패인 것만 같아서 모두가 말을 아꼈다.

난임으로 인한 상실은 입양을 통해 얻는 행복과 별개의 영역이다. 오랜 난임의 경험은 임신과 출산을 통해 아기를 만나기 원하는 평범한 꿈을 상실하게 하고, 친구나 가족, 사회 어딘가에 소속되지 못한다는 상실감을 낳기도 한다. 내 몸과 인생이 아무리 노력해도 마음대로 되지 않는 통제력의 상실을 경험하고, 정상적이고 건강한 성인, 유능한 사람이라는 느낌을 상실하게도 한다. 그러나 그 모든 것은 사실이 아니고 나의 전부도 아니므로 다시 확인하고 바로잡을 시간이 필요하다.

 길고 긴 난임의 과정을 매듭지을 때 부부에게 충분한 애도가 필요하다. 어떤 새로운 삶을 선택하든 이전의 상실에 대한 애도가 선행되어야 한다. 부부가 그간 임신이라는 목적를 향해 달리느라 세세히 나누지 못한 서로에 대한 마음, 각자 깊은 곳에 새겨진 아픔과 미안함, 원망, 서러움, 미래에 대한 생각 등을 꺼내며 정리하는 시간이 필요하다. 부부가 함께 여행을 떠나 묵은 감정을 털어 버리고 앞으로 어떤 삶을 살지 계획하는 시간을 보내는 것도 좋고, 둘만의 대화가 쉽지 않다면 상담을 통해 서로의 속마음을 내어놓는 기회를 가져도 좋다. 임신과 출산으로 부모가 되는 삶은 포기하더라도 입양으로 부모가 되는 삶이나 자녀 없이 사는 딩크족의 삶을 선택할 수도 있다. 임신과 출산을 거치지 않더라도 나는 온전한 사람이며, 나의 가치가 훼손되지 않았음을 잊지 않는 것이 중요하다. 인생에는 아무리 노력해도 열리지 않는 문이 있으며, 그런 순간이 의지와 상관없이 누구에게든 찾아온다는 사실이 때로는 위로가 된다. 우리가 할 수 있는 일은 결국 어떤 선택을 하고 어떤 의미를 부여할 것인가다.

난임을 오랜 시간 경험한 부부에게는 '입양으로 예쁜 아가를 만나면 그간의 모든 상실이 다 사라질 것'이라는 달콤한 속삭임보다 입양을 진행하기 전 자신이 무엇을 상실했고 어떤 영향을 받았는지를 인식하고 다루도록 돕는 예비 과정이 더 필요하다. 입양 부모가 되는 것은 생부모의 자리를 대체하는 일이 아니며, 뜻밖의 상황에서 예기치 못한 상처를 입을 수도 있다는 걸 알아야 한다. 아이에게 "내가 너를 낳지 않았어"라고 말할 때 난임에 대한 트라우마가 되살아날 수 있고, "엄마는 왜 나를 낳아 주지 못했어요?" 하는 아이의 원망 섞인 질문에 마음이 무너져 내릴 수도 있으며, 낳아 준 엄마가 보고 싶다는 아이의 말이 비수처럼 가슴에 꽂히는 날도 있다는 것을 한 번이라도 전해 듣고 고민해 보아야 한다(2022년부터는 난임을 경험한 예비 입양 부모가 선택해서 들을 수 있는 심화 교육 과정이 운영될 예정이다).

입양 가족으로 살다 보면 비입양 가정에서는 경험하지

않을 스트레스와 갈등 상황에 놓이는 일이 많다. 밖에서는 입양 가족을 향한 편견 어린 시선이 여전히 존재하고, 안에서는 양쪽의 부모를 가진 입양 자녀의 특수한 욕구 앞에서 양육하는 부모로서 중심을 잡아야 하기 때문이다. 입양 자녀가 건강한 정체성을 형성하길 원한다면 부모인 우리부터 건강한 정체성을 갖추고 있어야 한다. 이전의 상실이 남긴 경험을 외면하거나 슬그머니 덮어 두고 입양으로 건너온다면 그 상처가 입양 이슈와 맞물려 가족에게 더 큰 생채기를 낼 수 있다. 상실감은 덮어 두지 않고 꺼내어 다룰 때 새로운 마음의 근육을 만든다. 그렇게 얻은 감각은 나와 가족의 삶을 돕는 강점이 될 수 있다.

상실감은 다른 무엇으로 대체할 수 있는 것이 아니라 애도하며 통과함으로써 치유된다. 입양 자녀에게는 상실감을 그대로 인식하고 건강히 통과하도록 돕는 부모의 든든한 품이 필수적이다. 입양 가족은 '상실'이라는 대전제를 다룰 때 '행복'이라는 다음 문이 열린다는 사실을 잊지 말아야 한다.

다르게
 사랑합니다

친생 자녀와 입양 자녀를 함께 키우는 가정이라면 적어도 한 번은 이런 질문을 듣는다.

"입양한 자녀랑 낳은 자녀랑 똑같이 사랑하세요?"

정말 궁금하다는 눈망울로, 한 치의 거짓 없이 솔직히 말해 달라는 눈빛으로 물어 오는 이들이 어떤 답을 기대하는지 우리는 알고 있다. '낳은 자식과 똑같이 사랑할 리가 없지'라는 의심과 '입양했으면 공평하게 사랑해야지'라는 기대를 견주는 질문임을 왜 모르겠나. 질문의 의도를 파악한 입양 부모가 들려줄 수 있는 답변은 하나다. 길게 생각할 것 없이 정답을 말해 주면 간편하다.

"네, 똑같이 사랑해요."

똑같이 사랑한다는 입양 부모의 대답은 적어도 질문을 건넨 이를 안심시켜 주는 듯하다. 입양된 아이가 이 가정에서는 사랑받고 자라겠구나 하는 안심, 대부분의 입양 부모가 이랬으면 좋겠다는 바람. 그런 순간이 쌓이고 쌓이면서 입양 부모는 정말 숭고한 사랑을 실천하는, 아무나 꿈꿀 수 없는 자리에 올라선 사랑의 최강자로 자리매김하는 듯하다.

그런데 지난 15년간 내가 만난 많은 입양 부모는 다른 이야기를 했다. 낳은 자녀와 입양 자녀는 똑같지 않다고, 달라도 너무 다르다고. 사랑의 양이 다르다는 게 아니라 사랑의 빛깔과 내용이 다르다는 얘기였다. 이런 속내를 말하려 해도 그 미묘한 의미를 전달하기가 쉽지 않아, 결국 입양을 모르는 이 앞에서는 솔직하게 대답하기가 어렵다는 것이다.

내 몸속에 열 달간 품고 있던 아이를 만나 사랑이 시작되는 것과 전혀 다른 세상에서 내 삶으로 들어온 낯선 아이를 받아들이고 사랑하는 과정이 어떻게 똑같을까? 생물학적으로 연결 고리가 없고, 살아온 문화도 다르고, 기질과 성격까지 다른 입양 자녀를 키우는 게 어찌 친생 자녀를 키우는 것과 같을까? 다른 것이 당연하고 다르게 사랑하는 것이 당연하다.

입양 자녀에게는 친생 자녀와는 다른 특수한 욕구가 있다. 부모가 아무리 친생 자녀와 똑같이 대하고 똑같은 방식으로 사랑해도 채워지지 않는 빈 주머니가 하나 더 있다. 이는 친생 자녀와 다르게 더욱 섬세한 기술로 다뤄야 하는 부분이며, 입양 부모로서 평생 민감하게 반응해야 하는 부분이다. 입양 자녀의 특수 욕구를 부모가 인정하고 수용하는 것이 아이를 낙인찍거나 판단한다는 의미는 아니다. 오히려 존중받고 도움받아야 할 부분임을 서로가 인정하는 것이다. 이런 과정은 아이가 성장해 가면서 내면의 힘과 공감 능력을 얻는 원천이 된다.

셰리 엘드리지가 쓴 《부모가 알아야 할 입양인의 속마음 20가지》(가족나무, 2018)라는 책은 입양 아동의 특수 욕구에 대해 자세히 설명한다. 정서적 욕구, 교육적 욕구, 인정의 욕구, 부모에 대한 욕구, 관계적 욕구, 영적인 욕구로 크게 나뉘는데, 각각을 간략히 소개하면 다음과 같다.

- 정서적 욕구: 자신의 입양 사실을 인식하고 애도하는 데 도움을 받아야 하고, 생부모의 양육 포기가 자신 때문이 아

니라는 확신이 필요하다. 또 거절에 대한 공포를 다루는 법을 배우고, 입양에 대한 감정과 환상을 표현할 수 있어야 한다.
- 교육적 욕구: 입양은 모든 이의 일생에 걸쳐 도전을 주는 멋진 일이면서 고통스러운 일이라는 사실과 자신의 출생과 입양 배경, 생부모에 대해 알아야 한다. 또 내가 입양인이라는 사실을 언급할 때 받을 수 있는 상처를 감당할 준비를 해야 한다.
- 인정의 욕구: 자신의 이중적 유산을 인정하고, 입양 가정에서 자신이 환영받고 있으며 자신이 소중하다는 사실을 확인해야 한다. 또 자신의 생물학적 다름을 입양 부모가 기뻐하고 고마워한다는 점을 알아야 한다.
- 부모에 대한 욕구: 부모가 자신의 정서적 요구를 충족시키는 데 능숙해야 하며, 입양 자녀가 부모의 눈치를 보지 않고 자신의 발달과 성장에 집중할 수 있어야 한다. 부모가 먼저 난임과 입양에 대한 감정을 터놓고 이야기할 수 있어야 하며 입양 자녀의 출생 가족과 경쟁하지 말아야 한다.
- 관계적 욕구: 다른 입양인 친구가 필요하고, 출생 가족 찾기를 고려해야 할 때와 포기해야 할 때가 있다는 사실을 배

워야 한다. 출생 가족의 거절이 자신의 부족함 때문이 아니라는 사실을 기억해야 한다.
- 영적인 욕구: 자신의 인생이 실수에서 시작된 게 아니라는 점, 사랑하는 가족은 입양을 통해서도 형성될 수 있다는 점, 자신이 인간으로서 변하지 않는 가치를 지니고 있다는 점을 배워야 한다. 또 어떤 의문은 평생 답을 찾지 못할 수도 있다는 사실을 배워야 한다.

입양 부모는 입양 자녀의 독특한 취약성과 강점을 이해할 수 있는 몇 안 되는 사람이다. 입양 자녀가 부모에게 온전히 사랑받고 있다고 느끼려면, 특수 욕구를 인정받고 안전하게 충족하는 경험이 필요하다. 만일 부모가 이를 이해하지 못하고 자기 방식대로 사랑하거나, 친생 자녀에게 쏟아부은 것과 같은 사랑을 건네며 똑같이 사랑했다고 말한다면, 입양 자녀는 동의하기 어려울 것이다. 가장 필요한 부분이 채워지지 않았기에 온전한 사랑으로 느끼지 못하는 것이다. 입양 자녀는 양적으로 똑같이 사랑해야 하는 대상이 아니다. 오히려 다르게, 특수한 필요에 맞춰 사랑해야 하는 대상이다.

이제부터 똑같이 사랑해야 한다는 강박에서 자유로워지

면 어떨까? 필요에 따라 다르게 사랑한다고 말하면 어떨까? 그것이야말로 진정한 사랑이 아닐까?

더 쉬울 거라는
착각

우리가 무엇이든 다른 사람을 위해서 하는 것도 실은 우리의 필요성을 충족시켜 주기 때문이다. 아이들에게 "너는 우리가 너를 위해 해 준 모든 것에 대해 감사해야만 한다"고 하는 부모들은 틀림없이 심각할 정도로 사랑이 결핍되어 있는 사람들이다.

- 모건 스캇 펙, 《아직도 가야 할 길》, 열음사, 2007.

큰 아이(연장 아동)를 입양하려는 예비 입양 부모를 위한 12시간짜리 교육 과정을 운영한 지 4년이 지났다. 첫 시간은 언제나 자신의 입양 동기를 점검하는 교육인데, 참여 가정 대부분이 고민 끝에 진지하게 입양을 선택한 터라 자신에게 입양에 대한 환상은 거의 없다고 말한다. 하지만 내적인 동기와 기대를 점검하며 현실 속 입양의 여정을 하나씩 배워 가다 보면 그간 머릿속에 그려 온 입양이 얼마나 현실과 동떨어져 있었는지 확인하게 된다. 현실적인 이해나 가능성이 없는 생각으로 가득 찬 스스로에게 많이들 놀라는 눈치다.

출산으로 자녀를 맞이할 때와 입양으로 자녀를 맞이할 때 그 방법과 과정이 다르다 보니 기대가 다를 수밖에 없다. 다름을 아는 것도 중요하지만 그 기대가 얼마나 현실적인지 점검하는 과정은 더욱 중요하다. 이 점검은 현재 자신이 어떤 마음으로 입양의 출발선에 서 있는지 확인하게 해 주며, 앞으로 어떤 부분에서 좌절과 난관을 겪을지 예측하게 해 준다.

만 1세 이상의 큰 아동을 입양하려는 예비 입양 부모들이 곧잘 품는 기대는 입양이 아이의 세상을 극적으로 바꿔 줄 것이라는 바람이다. 다섯 살 딸아이를 입양하기로 한 12년 전 내 모습도 별반 다르지 않았는데, 그 기대가 혼자만의 환상이었다는 걸 깨닫기까지 오랜 시간이 걸리지 않았다. 보육원에서 외롭게 자라고 있는 아이에게 따뜻한 가정과 엄마의 품을 선물하면 날마다 행복의 미소가 꽃필 것이며 그 보람과 기쁨이 고된 현실을 이겨 내는 힘이 될 것이라는 상상은 큰 아이 입양의 현실을 모르는 순진한 기대일 뿐이었다. 결국 나의 기대는 무참히 무너졌고 혹독한 현실을 마주했다. 아이와 가족이 되기 위해 고군분투한 5년은 한순간도 쉽지 않았다.

예비 입양 부모들의 또 다른 기대는 큰 아동을 입양하는 것이 신생아를 입양하는 것보다 수월하리라는 바람이다. 나이가 있으니 제 손으로 밥 먹고, 말귀를 알아듣고, 형제들과도 즐겁게 어울리고, 조금만 더 키우면 제 발로 유치원이나 학교에 가게 될 테니, 몇 년을 쉽게 버는 게 아닌가 생각하는 것이다. 어느 정도는 맞는 말일지도 모른다. 신생아를 입양해서 밤잠 설치며 수유하고 기저귀 갈아대는 육체적 피로는 덜할 수 있기 때문이다. 하지만 그와 비교할 수 없는 정신적 피로가 언제 끝날지도 모르는 채 동반되는 것이 큰 아이 입양이다.

신생아 입양은 만남 초기부터 아기와 사랑에 빠지기 쉽고, 애착을 형성하는 막강한 허니문 기간이 있어 그 힘으로 훗날의 어려움을 헤쳐나가는 경우가 많다. 그러나 이미 자아가 형성된 아이와 사랑에 빠지는 일은 시간을 오래 들여도 여간해서는 쉽지 않다. 입양계에는 "아이 나이만큼의 시간이 흘러야 변화가 온다"라는 속설이 있는데, 다섯 살에 입양했다면 5년은 있어야 서로를 받아들이며 적응하게 되고, 여덟 살에 입양했다면 그 시간이 족히 8년은 걸린다는 말이다. 나 역시 비슷했고 오랜 시간 입양 가족의 삶을 지켜본 바 결코 과장된 표현이 아니다.

 영유아가 아니라 큰 아이를 입양할 계획이라면 왜 그런 마음을 먹게 되었는지 곰곰이 생각해 보자. 입양 기회가 적은 아이에게 가족이 되어 주고 싶어서인가? 보육 시설에 사는 아이들에 대한 안타까움 때문인가? 상처받은 아이를 사랑으로 치유하고 싶다는 열망 때문인가? 무언가 사회를 바람직하게 바꾸기 위한 결단인가? 가족을 확대하고 싶고 부모가 되고 싶다는 이유가 아니라면 이 모든 동기를 더 깊이 성찰해 보길 바란다. 그런 결단과 실행이 내게 어떤 만족을 주는지 더 깊이 들여다보면 좋겠다. 우리가 무엇이든 다른 사람을 위해서 하는 것도 실은 우리의 필요성을 충족시켜 주기 때문이라는 스캇 펙의 말을 곱씹어 볼 필요가 있다.

사랑하기로 마음먹었을 때
잊지 말아야 할 것

우리 딸은 다섯 살까지 보육원에서 살다 1년여를 구애한 우리와 그해 크리스마스이브에 가족이 되었다. 보육원에서 크던 아이를 딸로 맞이한 입양 가정이라고 하면 누구든 그 극적인 사연에 반한 나머지 "어쩜 그렇게 아름답고 대단한 일을 하셨어요?" 하고 물어 온다. 그런데 11년을 살고 보니 이 달콤하고 환상적인 러브 스토리에는 사랑에 눈 먼 성인들을 위한 잔혹 동화가 포함되어 있었다. 돌이켜보니 정말 쉽지 않은 사랑이었다.

 누군가를 사랑하기로 마음먹었을 때 우리가 잊지 말아야 할 것은 그 사랑이 무참히 거절당할 수 있다는 사실이다. 거절이 두렵다면 조용히 짝사랑을 선택하는 편이 낫고, 거절당하더라도 사랑을 건네고 싶고 그 과정을 통해 배우고 싶다는 결심이 선다면 용기 있게 전진해 볼 일이다. 아이를 입양해 사랑을 주고 싶다고 생각하는 이들은 자신의 사랑이 거절당할 수 있다고는 예상하지 못한다. 부모가 필요하고 사랑이 결핍된 아이라면 당연히 사랑을 감사히 받아 누릴 거라 생각할 뿐, 그들이 거절할 수 있는 존재라고는 상상하지 못한다.

보육 시설에서 오랜 시간 성장한 아이들은 입양 부모와 애착 형성에 어려움을 겪는 일이 많다. 자신을 사랑하고 돌보는 이와 애정과 신뢰 관계를 형성하며 성장하는 것이 일반적인 발달이지만, 이 아이들은 그런 대상을 지속적으로 상실하며 성장해 왔다. 사랑을 받아 본 자라야 사랑을 줄 수 있듯이 사랑과 돌봄이 결핍된 아이는 그것을 어떻게 받아들이고 다시 돌려줘야 하는지 알지 못한다. 누군가와 안정된 애착을 형성해 본 경험이 없는 아이는 점진적으로 깊어지는 관계를 두려워할 수 있다. 그동안 경험한 많은 양육자가 자신이 마음을 주려 할 때 사라지거나 사랑하게 되면 떠났기에 믿을 사람은 오로지 자신밖에 없다고 배웠다. 낯선 사람과의 피상적인 관계가 더 편안하고, 자신을 통제하려는 손길 앞에서는 버티고 분노해야 안전하다는 것을 삶으로 체득했다.

이렇게 성장한 아이는 어떤 날은 아무렇지 않게 다가와

안기지만 어떤 날은 돌덩이처럼 딱딱하게 굳어 멍하니 서 있기도 하고, 어떤 날은 뾰족한 가시를 잔뜩 내밀어 나를 찌르기도 한다. 부모가 애써 준비한 것들을 보란 듯이 거절하기도 하고, 약속했던 일조차 아무렇지도 않게 어긴다. 매일 곁에서 애쓰는 부모의 수고는 안중에도 없이 낯선 이의 품을 아무렇지 않게 파고들어 부모의 속을 뒤집어 놓기도 한다. 일부러 부모를 해하려는 게 아니라 스스로를 보호하고 돌보는 과정에서 생긴 가시지만 그것을 받아내는 부모는 자신이 알고 있던 세상이 쪼개지는 기분을 맛본다. 이게 뭔가 싶은 날이 이어지고 내가 엄마인지 돌보미 아줌마인지 정체성이 불확실해지는 상황에서 '과연 우리가 가족으로 녹아들 수 있을까?' 하는 미래에 대한 불안이 집채만 한 파도처럼 밀려든다.

우리가 경험한 사랑은 대개 '첫눈에 반한', '홀딱 빠져드는' 사랑이다. 가물가물하긴 해도 배우자와도 그렇게 사랑에 빠졌을 것이고, 혼을 쏙 뺄 만큼 사랑스럽던 첫아이(혹은 첫 조카)와의 사랑도 그렇게 시작했을 것이다. 나를 만족시키는 누군가를 향해 온 열정을 쏟아붓는 행위, 모든 것을 주어도 아깝지 않을 만큼 소중한 이를 위해 기꺼이 무릎을 꿇는 시간이었을 것이다. 힘들기는커녕 새로운 힘이 솟는 비현실적인 황홀경의 상태랄까?

반면 입양으로 만난 큰 아이와의 사랑은 출발선이 전혀 다르다. 사랑스럽거나 만족스럽지 않고, 오히려 나를 화나게 하고 시험하는 아이와 의지적인 사랑을 시작해야 한다. 마음이 동하지 않을 때도, 이게 과연 무슨 소용일까 싶은 순간에도, 그 자리에 버티고 서서 계속해서 아이에게 양분을 건네야 한다. 이런 순간은 아이를 사랑하는 부모의 뜨거운 마음이라기보다 아이의 성장에 보탬이 되는 성숙한 어른이 되겠다는 결단에 가까울지 모른다. 다정하거나 뜨거운 사랑이 아니라도 묵직하고 너그러운 사랑이 계속된다면 아이는 새로운 가족과 연결될 수 있다.

사랑이 쉽지 않다는 사실을 우리는 곧잘 잊는다. 진정 누군가를 사랑하려면 자신을 지탱하던 견고한 벽을 무너뜨리고 자신을 확장해야 한다. 무너지고 비워진 자리라야 상대를 위한 새 공간과 안식처를 마련할 수 있다. "사랑을 통해서 우리의 자아 경계를 확장하는 것은 자아 영역을 넘어서 사랑하는 사람에게 다가가 그의 성숙을 도와주는 것까지도 포함한다"라는 스캇 펙의 말처럼 의지적인 사랑은 큰 아이 입양을 선택한 이들이 도전해야 하는 사랑의 다른 이름이다.

그렇게 하나씩 새롭게 경험하며 진짜 사랑을 배워 가는 기나긴 여정. 그곳을 거쳐 간 사람들이 새겨 둔 벽면의 고백을 소개한다.

부모는 오래 참고
부모는 온유하고 시기하지 아니하며
부모는 자랑하지 아니하고 교만하지 아니하며
부모는 무례히 행하지 아니하고 자기의 유익을 구하지 아니하며
부모는 성내지 아니하고 악한 것을 생각하지 아니하며
부모는 불의를 기뻐하지 아니하고 진리와 함께 기뻐하며
부모는 모든 것을 참고 모든 것을 믿으며 모든 것을 바라고 모든 것을 견디느니라.

동굴이 아니라
터널입니다

 무더위가 기승을 부리던 7월의 어느 오후, 한 입양 엄마와 마주 앉았다. 큰 아이를 입양한 지 3년 차, 여러 고비를 넘겨 왔지만 더는 견딜 수 없어 파양이 가능한지 변호사를 만나고 온 엄마였다. 아이가 죽거나 내가 죽지 않으면 벗어나지 못할 것 같은 이 지옥에서 도망칠 유일한 방법으로 파양을 떠올렸지만, 그마저도 현실적으로 불가능하다는 변호사의 말을 듣고 나니 막다른 골목에 서 있는 느낌이라고 했다.
 전화로 이야기하다 다급함을 느껴 사무실에서 보자고 했다. 11년 전 내 모습처럼 절망감에 넋이 나간 모습을 보자니 가슴이 아려 왔다. 그 순간 그녀가 온몸을 담그고 있을 차가운 절망과 자책의 진흙탕이 느껴지고, 세상에 둘도 없는 괴물처럼 변해 버린 자신이 가장 두려울 그 속마음이 어제의 감정인 듯 훅하고 다가왔다. 지푸라기라도 잡고 싶은 심정으로 나를 만나러 왔지만 큰 기대는 없어 보이는 엄마를 앞에 두고 먼저 고백을 시작했다.

"저도 그랬어요. 우리 딸이 너무 미워 딱 죽지 않을 만큼 괴롭던 시절이 있었어요."

정말 그랬다. 다섯 살짜리 딸을 입양하고 3년간 아무도 모르는 공간에서 엄마라는 가면을 쓰고 아이와 씨름하던 시절이었다. 돌이킬 수도 도망칠 수도 없는 상황에서 어떻게 생의 질서를 바로잡아야 할지 몰라 낙심과 분노가 하루에도 몇 번씩 뒤엉키던 시절이었다. 그 모든 피해는 아이뿐 아니라 가족 모두에게 스며들었고, 괴물이 되어 버린 나 자신을 견디기 힘들어 기도 끝에 목놓아 울기 일쑤였다. 지긋지긋한 이 싸움이 과연 끝이 날까? 괜찮은 예전의 나로 다시 돌아갈 수 있을까? 우리 가족이 다시 행복해질 수 있을까? 어느 것도 자신 없던 나날이었다.

그때 힘이 되어 준 것은, 같은 길을 가는 선배들의 공감과 격려, 그리고 입양의 여정을 이해할 수 있도록 돕는 좋은 책들이었다. 입양 사후 서비스라는 개념도 없고 입양 전문가도 없던 시절이어서 그저 하루하루 힘겹게 견뎌 내던 시간이었다. 동굴인 줄 알았던 어둠의 저 끝에서 희미하게나마 빛이 보일 때 '아, 이젠 살았구나! 아이도 나도 죽지 않고 살았구나!' 하며 안도의 한숨을 내쉬었다. 어두운 벽을 더듬으며 1밀리미터씩 전진하다 보니 내가 머물던 곳이 동굴이 아니라 터널이었다는 걸 알게 되었다.

만남을 요청한 입양 엄마와 10회기 상담을 시작했다. 어떤 마음으로 오셨냐는 첫 질문에 "아이를 돌려보낼 힘이 있다면 그 힘으로 다시 시작해 보자고 생각했다"라고 대답하는 엄마. 대답과 동시에 우리 둘 다 눈물이 터졌다. 그래, 됐다. 엄마에게 남아 있는 힘을 보았으니 다시 시작할 수 있겠다 싶었다. 엄마가 아이와 함께 행복을 되찾도록, 괴물이라는 자책감에서 벗어나 충분히 괜찮은 엄마라는 사실을 알 수 있도록 함께 걸어 주고 싶은 마음이 솟아났다.

첫 회기를 마친 엄마의 눈이 희망의 빛으로 살포시 반짝인다. 사람의 얼굴이 이렇게 금세 이뻐질 수 있구나! 용기를 내 준 입양 엄마가 고맙다. 그의 터널을 함께 걸을 수 있어 참으로 감사하다.

엄마가 버텨야
아이가 산다

다급한 문자였다. 다섯 살 아이와 가족이 되어 산 지 1년. 그러나 아이와 이제 더는 못 지내겠다는, 이러다 자신이 미치거나 죽을 것 같다는 입양 엄마의 문자였다. 모처럼 가족과 함께 누리던 캠핑 둘째 날 저녁이었지만 내일 얘기하자고 미룰 사안이 아니었다. 이런 순간을 대수롭지 않게 넘기면 어떤 일이 벌어지는지 수년간 봐 왔다. 아이와 힘겹게 씨름하던 입양 부모가 길을 찾지 못하면 파국으로 치닫기 마련이다. 아이를 힘으로 제압하려다 사고가 나거나, 어떤 수단과 방법으로도 다시는 돌이키지 못할 만큼 마음이 냉정하게 돌아서거나, 둘 중 하나다.

그런 상황에 다다르면 어떤 전문가가 개입하더라도 가족으로 다시 연결되기란 쉽지 않다. 어떤 대가를 치르더라도 상황을 끝장내겠다고 돌아선 마음은 무엇으로도 되돌리기 쉽지 않다. 그래서 나는 최악의 상황이 오지 않도록 입양 가족의 SOS에 빠르게 응답하고, 진심으로 공감하며, 지치지 않도록 격려하려고 노력해 왔다. 내가 오랫동안 통과한 캄캄한 터널을 생각하면 그 안에 누구도 홀로 두고 싶지 않았다.

아이와 씨름하는 동안 가장 애쓰고 힘든 사람은 다름 아닌 입양 엄마다. 가슴의 생살을 찢어 낯선 아이를 받아들이는 과정은 아무리 설명해도 지나치지 않을 만큼 아프고 처절하다. 자신이 너덜너덜해질 만큼 늘어나지 않으면 그토록 크고 낯선 아이를 어떻게 품을 수 있겠는가? 매 순간 낮아지고 무너지는 고통을 알기에 낮이든 밤이든 도움을 요청하는 엄마가 있다면 나는 내일 다시 연락하자며 미룰 수가 없다.

엄마가 버텨야 아이가 산다. 엄마가 버티려면 가족과 공동체의 지지가 필요하다. 먼저 이 길을 간 선배이자 입양 생태계를 먼저 경험한 이로서 기꺼이 손을 내밀어야 처음 이 길에 들어선 엄마가 살아난다. 나는 입양으로 불행해지는 아이와 부모를 무기력하게 목도하고 싶지 않다. 입양이 진실로 행복과 축복이 되고, 구호처럼 '한 아이의 인생을 바꾸는 일'이 되려면 모든 짐을 엄마 한 사람이 져서는 안 된다.

가족 전체와 이웃과 사회가 같이 길을 모색하며 안전한 지도를 만들어 갈 때라야 한 아이가 새로운 가정에 뿌리내릴 수 있다. 그렇기에 매일 그들의 삶 속으로 들어가고, 이렇게 글을 쓴다.

긴 통화 끝에 아이와 다시 노력해 보겠다는 답변을 듣고 텐트로 돌아왔다. 모처럼 가족과의 안락한 불멍 시간을 기대한 남편은 내가 한 시간 가까이 전화통에 매달리다 돌아오니 입이 잔뜩 나왔다. 가족의 사생활을 지키며 내 역할을 하고 싶지만 입양 가족의 위기를 감지한 순간에는 그게 잘 안 된다. 외줄 타기 하는 심정으로 달려 나가고 만다.

낯선 아이와 씨름하는 입양 엄마도, 이 길목을 지키고 서 있는 나도 불확실함을 견디기란 쉽지 않다. 안개가 자욱한 길을 지키며 어느 방향에서든 쓰러질 듯 달려오는 이를 홀로 맞이할 때면 형언할 수 없이 외롭다. 이 길에 환한 가로등과 더 많은 지킴이가 함께하면 좋겠다.

3장

입양의 사생활,
둘

'나'로
자랄 권리

요즘 사춘기 입양 자녀를 둔 부모님들의 연락을 자주 받는다. 십여 년 전 자조 모임에서 만났거나, 어린 자녀들을 데리고 함께 캠핑을 했거나, 오래전 입양 부모 교육 프로그램에서 만난 가정들이다. 시간이 언제 이렇게 흘렀을까? 올망졸망 귀엽던 아이들이 어느새 사춘기에 들어섰다. 순종적이던 아이가 슬금슬금 거짓말을 하거나 예상치 못한 낯선 모습을 보이고, 가족과 너무 다른 면을 발견할 때마다 당황스럽다는 부모. 점점 속을 모르겠고 무슨 말을 해도 변화가 없는 아이를 보며 이러다 나쁜 길로 빠지는 건 아닐까, 이 아이를 정말 끝까지 사랑할 수 있을까, 하는 두려움이 엄습한다는 것이다.

한 어머니는 초등학교 4학년 딸이 학교에서 받은 검사에서 '자기 인식' 점수가 너무 낮게 나왔다며 상담을 신청했다. 하나밖에 없는 귀한 딸이라 정성 들여 사랑으로 키워 야무지게 잘 자랐는데 이상하리만치 자기 인식 점수가 낮다는 것이다. 더구나 순종적이고 무엇이든 성실히 잘 해내던 딸이 이제 눈 하나 깜빡 않고 거짓말로 잘못을 둘러대고 이전처럼 자기 몫을 해내지도 못한다며 걱정했다. 얼마나 당황스럽고 마음이 아플까? 어머니에게 물어보니 아이가 입양 사실을 알고 있지만 생부모에 대한 이야기나 입양 관련 대화는 상처가 될 거란 생각에 하지 않았다고 했다. 입양 사실은 알지만 입양에 대해 이야기를 나누지 않는 모습. 공개 입양 가정의 안타깝고도 흔한 풍경이다.

자신이 누구인지 알지 못한 채 자라는 입양 아동이 많다. 어떻게 이 세상에 왔는지, 누구를 통해 왔는지, 본래 어떤 기질과 성향을 지니고 태어났는지, 좋아하고 싫어하는 것이 무엇인지, 어떤 순간에 행복감을 느끼는지, 지금의 가족과 어떻게 만난 건지, 자신과 전혀 닮지 않은 가족 속에서 지금 모습 그대로 존재해도 괜찮은지 말해 주는 사람이 없다. 아이가 알고 있는 것은 지금의 엄마가 나를 낳지 않고 입양했다는 것, 자신이 친구들과 많이 다르다는 것뿐이다.

아이는 자랄수록 세상과 타인에 대해, 자신이 해야 할 몫에 대해 무서운 속도로 배운다. 더불어 스스로 선택한 여러 경험을 통해 '자기'를 발견하며 성장해 간다.

 출생부터 지금까지 하나로 연결된 삶을 살아온 우리는 어려서부터 무수히 많은 정보를 습득해 왔고, 이는 자연스럽게 자기 인식으로 이어졌다. 기질과 성향이 비슷한 가족 안에서 자라다 보니 자신이 이질적이라고 느끼거나 이해받지 못해 괴로운 일은 그리 많지 않다. 부모님 말씀 안 들어 꾸중을 듣거나 하고 싶은 일이 잘되지 않아 마음 상할 때도 있지만, 나만 동떨어진 존재로 느끼는 삶은 그다지 익숙한 풍경이 아니다.

 하지만 입양 아동은 이해받지 못하는 환경에 꽤 익숙하다. 친구나 또래가 이해하지 못하는 방식으로 가족을 만난 것도 그렇고, 가족 안에서 개성을 이해받지 못하는 상황도 그렇다. 입양과 관련한 특수한 욕구들을 존중받지 못한 채 자라기 쉽다. 자신이 누구인지 구체적인 정보를 모르거나, 자신의 고유함을 인정받지 못하거나, 자신의 선택과 상관없이 주어진 것을 그저 받아들이기에 바쁜 아이는 자기 인식이 낮을 수밖에 없다. 이는 낮은 자존감으로 이어져 훗날 정체성 혼란을 느낄 수도 있기 때문에 우려스럽다.

 아이의 건강한 발달을 위해, 가족의 완전한 연결을 위해, 입양 가정이라면 반드시 거쳐야 하는 과제가 있다. 입양 사실을 이야기한 뒤 시간이 흐를수록 입양에 대해 생각하지 않는 부모와 달리 아이는 자랄수록 '입양된 자신'에 대해 고민하고 궁금해한다. 아이의 마음과 엇갈리고 관계가 깨어지기 전에 부모가 해야 할 일은 무엇일까? 진심으로 아이의 마음을 궁금해하는 것이다.

"정말 몰라서 그러는데, 왜 그랬는지 엄마한테 이야기해 줄래?"
"아까 네 표정을 보니 엄마 마음이 안 좋아. 어떤 상태인지 이야기해 줄 수 있겠니?"
"널 낳아 준 부모님에 대해 궁금해하는 건 당연한 거야."
"이런 재능이 있다니 정말 놀랍구나! 아마도 너를 낳아 주신 분에게 같은 재능이 있었나 봐."
"네가 원하면 엄마랑 기관에 같이 가서 더 많은 정보를 알아볼 수도 있어. 우리 그렇게 할까?"

아이의 마음 상태를 물어보는 일, 아이의 해결되지 않는 감정과 질문을 꺼내 주는 일, 아이가 자신의 내면을 들여다보도록 돕는 일이 부모가 할 일이다. '입양'을 잘 다루고 선명히 통과하지 않고는 단단한 가족 관계로 진입하기 어렵다. 입양에 대해 개방적인 대화를 수년간 나누지 않고서는 아이가 건강한 정체성을 확립하기 어렵다. 이런 사실을 수많은 사례와 입양인의 고백에서 확인할 수 있다.

  자신에 대해 알 권리는 인권의 시작이자 건강한 정체성을 형성하는 데 필요한 주된 요소다. 자기가 누구인지 잘 아는 아이에게 사춘기란 혼란과 분노의 시기라기보다 자신을 더욱 입체적으로 이해하고 받아들이는 충실한 성장기가 될 것이다.

생일, 그녀와
우리 모두의 시간

생일이면 으레 듣는 이야기가 있다. 임신과 출산에 얽힌 고생스러운 에피소드 혹은 감격의 순간과 주변인들의 반응에 관한 것들이다. 엄마는 해마다 내 생일이면 더운 여름 집에서 출산하느라 산파가 왔다는 이야기, 내 배꼽에 달린 탯줄을 보고 네 살 큰언니가 동네방네 "울 엄마 아들 낳았어요!" 하고 소문냈다는 이야기, 소식 듣고 심방을 오신 목사님이 아들을 주셔서 감사하다며 간절히 기도했다던 이야기를 빼놓지 않고 들려주신다.

처음 들려주는 것처럼 신이 나서 생생하게 이야기를 풀어내는 엄마와 족히 서른 번은 들은 이야기지만 처음 듣는 사람처럼 재밌다고 맞장구를 치며 까르르 웃는 나. 아마도 엄마와 나는 48년 전 함께 세상 문을 연 감격과 수고를 이런 방식으로 자축하며 되새기는 것이 아닐까? 몇 번을 다시 들어도 신명 나게 얘기하는 엄마의 표정과 당시 순박한 시골 사람들의 호들갑이 떠올라 나도 모르게 웃음이 난다.

세 아이와 입양으로 가족이 된 뒤 가장 아쉬운 부분이 이 대목이다. 아이의 생일에 들려줄 이야기가 없다는 것. 뭔가 유치하고 엉성하더라도 엄마와 나처럼 세상을 처음 마주한 순간의 이야기를 주고받으며 우리가 한 식구라는 사실을 기억하고 싶은데 그럴 이야기가 없다. 아이를 직접 출산하지 않은 나로서는 그런 점이 매우 아쉽고 아프다. 내가 만끽하고 싶은 그 경험을 어딘가에 살고 있을 우리 아이의 생모(낳은 아이를 입양 보낸 엄마, birth mother)는 선명히 기억하고 있을 테지.

일주일 먼저 당겨 받은 생일 선물 덕에 생일에 대한 기대감 없이 평소의 얼굴로 잠에서 깬 은기를 위해 가을에 어울리는 재즈풍의 생일 축하곡을 틀어 주었다. 미역국을 싫어하는 녀석이라 따로 끓이지 않았더니 식탁 위가 한산하다. 그래도 생일 찬스는 쓰고 싶었는지 오늘은 학원 안 가고 엄마와 있고 싶다고 조르길래 선심 쓰듯 그러라 했다.

등교 준비를 마친 은기가 방에서 '아기 수첩'을 꺼내 왔다. 생애 상자(life box)에 고이 담겨 있던 아기 수첩을 오랜만에 펼쳐 보는데, 출생 시각이 2008년 9월 2일 오전 8시

50분이라고 쓰여 있다. 그리고 그 밑에 쓰여 있는 '체중 4.4킬로그램.' 알고 있다고 생각했는데 다시 본 숫자 4.4가 짐짓 어마어마하게 다가왔다. 어린 생모가 얼마나 힘들었을까?

은기에게 4.4킬로그램이 어떤 의미인지 설명하니 놀라워하는 표정이다. 그러고는 시계를 보더니 "엄마! 이제 30분 남았어요"라고 속삭이는 은기. 13년 전 오늘 자신이 탄생한 순간을 다시 느껴 보고 싶었나 보다. 누나와 동생을 먼저 등교시킨 뒤 은기와 두 손을 꼭 잡고 소파에 앉아 진지하게 시계를 바라봤다. 3분, 2분, 1분, 드디어 땡! 시계가 8시 50분을 가리키자 은기가 작은 목소리로 "응애응애" 하며 울음소리를 냈다. 내 품을 넘어설 만큼 커 버린 녀석이 들려주는 아기 울음소리. 웃기는데 우습지 않고 밝은데 왠지 짠한 큰 아기의 울음소리다. 기억에 없는 자신의 생애 첫 순간을 안타까워하기보다 지금 곁에 있는 엄마와 오늘의 생일을 새롭게 기억하고 싶었나 보다.

이제 막 태어난 은기를 꼭 끌어안아 주었다. 내 품에 안겼던 생후 37일 아기가 어느새 훌쩍 자라 이토록 사랑스러운 모습의 소년이 되었는가 싶어 은기 머리에 손을 얹고 감사기도를 드렸다. 기도를 마치니 홀가분하다는 듯 일어나 가방을 메며 한마디 남긴다.

"와! 내가 드디어 열네 살이 되었다! 학교 다녀올게요!"

기특하고 울컥한 마음도 잠시 아들의 모습 뒤로 얼굴 없는 생모가 떠오른다. 한 번도 본 적 없고, 어디서 어떻게 살고 있는지도 모르는 그녀도 오늘은 나와 같은 아이를 마음에 품고 있으리란 걸 안다. 13년 전 내 아이와 한 식구로서 오늘을 축하했을 사람, 아들을 낳았지만 "엄마"라는 소리 한번 듣지 못하고 생모라는 호칭 아래 사라진 그녀는 입양 이후 어떻게 살고 있을까?

"우리 같은 생모는요, 아이 생일만 되면 너무 힘들어요. 다른 날은 몰라도 아이 생일날만큼은 우리 입양 상담을 해주었던 선생님이 전화 한 통이라도 걸어서 '오늘 하루 어떻게 보내고 계세요? 아기가 많이 보고 싶으시죠?' 이렇게 아이에 대해 이야기 나눌 수 있도록 결을 내주면 좋겠어요. 사실 그 이야기는 다른 누구랑도 할 수 없잖아요."

아들을 미국으로 입양 보낸 한 생모분이 들려준 이야기가 귓전에 맴돈다.

입양 가정을 위한 사후 서비스는 해마다 확대되는 추세

지만 아이를 떠나보낸 생모(출생 가족)를 위한 사후 서비스는 먼 나라 이야기처럼 그 개념조차 낯선 상황이다. 생의 어느 순간 다시 누군가의 엄마로 살아갈 그들이 건강해지지 않으면 그 품에 엮인 수많은 아이 역시 건강하게 자라기 어렵다. 어딘가에서 오늘을 기억하며 가슴 서늘한 하루를 보내고 있을지 모를 그들에게 누군가 따스한 전화 한 통 해 주기를, 수고하고 애썼다고 손을 꼭 잡아 주기를, 치유와 성장을 돕는 사후 서비스가 준비되기를 진심으로 바란다.

고통보다 강한
무엇

나에게 11월은 애도의 달이다. 벌써 30년 가까이 되어 가지만 좋아했던 사람의 갑작스러운 비보에 열아홉 나의 세계가 영원히 바뀌어 버린 그해를 잊을 수가 없다. 내게 한마디 인사도 없이 가 버렸다는 사실, 마음껏 울 수 있는 장례식마저 이미 끝났다는 소식을 전해 들은 그날 이후 질서정연했던 세계는 끝이 났고, 나는 이전과 전혀 다른 사람이 되었다. 내가 신뢰한 삶은 어디론가 사라지고 끝을 가늠할 수 없는 구렁텅이에 내던져진 채 숨 쉬는 것부터 다시 연습해야 하는 나날이었다. 누구에게도 털어놓을 수 없었기에 어디서 위로받을 수 있는지, 어떻게 애도해야 하는지도 알지 못했다.

애도라는 낯선 세계를 통과하던 몇 년간은 사람의 삶이 아니었다. 살아 있지만 살아야 할 이유를 몰라 삶을 그저 낭비하듯 방황한 그 시간이 사실은 다시 살아나기 위한 애도의 과정이었음을 알게 된 것도 그로부터 한참 지나서였다. 그 사실을 일깨워 준 남편과 함께 나는 새로운 문을 열었다. 새로운 문으로 들어서면서 전혀 예기치 못한 상실을 경험하는 것, 준비되지 않은 이별에 압도되는 것, 그 상실과 슬픔을 애도하고 다시 삶으로 돌아오는 것은 나의 인생 후반전을 이끄는 주제가 되었다. 일부러 그것을 끄집어내지 않아도 모든 세포가 그 과정을 기억하고 있고 그로부터 배운 강인함과 지혜를 기억하고 있다.

입양으로 세 아이를 만나고, 아이가 경험한 상실에 공감하며 애도를 돕는 일을 내 역할로 삼은 것은 너무도 당연한 수순이었다. 내가 방향을 잃고 겪어야 했던 길고 긴 애도의 시간을 우리 아이들이 똑같이 보내게 하고 싶지 않다는 마음, 상실을 경험한 누구든 충분히 애도하고 나면 삶의 자리로 돌아올 수 있다는 믿음이 있어 이 자리를 지켰다.

매년 11월이면 희미해진 그의 모습과 함께 캄캄한 하늘 아래 홀로 서 있던 어린 나를 떠올리며 애도의 시간을 보낸다. 이제는 옅어졌지만 여전히 남아 있는 상실감과 슬픔을 되새기며 지금 이곳에 서 있는 나를 쓰다듬어 준다. 그렇게 삶과 죽음은 30년 가까이 친숙한 주제가 되었다.

올해 11월은 또 어떻게 보내게 될까 떠올리던 시점에 브

룩 노엘과 패멀라 D. 블레어가 쓴 《우리는 저마다의 속도로 슬픔을 통과한다》(배승민·이지현 옮김, 글항아리, 2018)를 읽었다. 자살과 대형 참사 등 다양한 죽음으로 가족, 친구, 연인처럼 사랑하는 사람을 잃은 이들의 사연이 실려 있다. 두 저자 또한 남편과 오빠의 죽음을 겪으며 길고 긴 애도의 과정을 통과한 당사자이자 심리치료사로서 낯선 세계인 애도의 여정을 깊이 있으면서도 실용적으로 잘 이끌어 준다. 특히 유용한 점은 애도 당사자 곁에서 친구나 가까운 이들이 어떻게 필요한 도움을 줄 수 있는가에 대한 조언이다. 마지막 장에 애도가 필요한 이들을 위한 회복 과정과 안내용 연습 자료를 소개하고 있어 고맙고 든든했다.

"사랑하는 이를 잃고 우리는 다시 시작하게 됩니다. 어떻게 과거를 존중하면서도 첫 발걸음을 뗄 용기를 가질 수 있는지, 어떻게 걷고 말해야 할지, 어떻게 다른 꿈을 꾸고 다시 믿으며 새로운 삶을 만들어갈지를 배울 겁니다. 우리는 영원히 바뀌었습니다. 삶을 다르게 봅니다. 매 순간의 가치를, 오늘 할 말을 해야 한다는 것의 중요성을, 진정 무엇이 중요한지를 다른 누구보다 더 잘 압니다."
- 《우리는 저마다의 속도로 슬픔을 통과한다》 서문 중에서(22쪽)

인생에 수많은 상실과 고통이 존재한다는 사실은 변함없지만, 어떤 고통을 겪든지 우리 안에는 그 고통을 감내할 더 강한 무언가가 있다. 큰 슬픔을 겪었거나 상실을 경험했다면 집중 치료 중인 사람처럼 자신을 대하며 마음껏 애도하는 시간이 필요하다. 극복하고 이해하며 앞으로 나아갈 시점이 천천히 올 테니 지금 당장은 스스로 챙기며 온전히 애도하는 과정이 중요하다. 입양 부모가 스스로의 상실을 애도할 줄 아는 것은 크나큰 강점이다. 입양 자녀에게 안전하고 든든한 언덕이 되는 지름길이기 때문이다.

아이가
슬퍼할 때

남편과 저녁 산책을 다녀오니 눈과 코가 붉게 물든 찬이가 할아버지를 뒤에서 꼭 끌어안고 뭔가 속삭이고 있다. 치료차 올라와 3주간 머무신 할아버지 할머니와 보낸 시간이 쏜살같이 흘러 어느새 헤어지기 전날 밤이다. 포근한 어린 시절의 기억으로 남은 두 분을 아이들은 마음 깊이 사랑하는데, 그중에서도 늘 유쾌하고 에너지 넘치는 할아버지를 특히 따른다.

저녁을 먹자마자 머리가 아프다던 찬이는 해열제를 받아먹은 뒤 내 품을 파고들며 훌쩍훌쩍 울기 시작했다. 할아버지 앞에서는 맘껏 울지 못하니 내 품에 안겨 슬픔을 꺼내는 것이다. 처음에는 흐느끼다가 점차 소리 내어 엉엉 울기 시작했는데 10분이 지난 뒤로는 정말 꺼이꺼이 울었다. 이전보다 울음이 더 길고 서럽게 느껴진 건 3주간의 긴 시간이 건넨 여운 때문이리라.

아이들이 슬퍼할 때 나는 실컷 울게 하는 편이다. 30분이고 1시간이고 아이 안에서 슬픔이 오롯이 나올 때까지 기다려 준다. 가만히 안고 등을 쓰다듬거나 몸을 어루만지며 아이가 슬퍼하는 그 시간이 외롭지 않도록 돕다 보면 점차 아이의 울음이 잦아들어 대화할 수 있는 시점이 온다.

오늘 찬이의 울음은 30분이 넘어도 잦아들 줄 몰랐다. 이전에 어루만지지 못한 슬픔을 모조리 엮어 줄줄이 꺼내는 아이처럼 오랜 시간 꺼이꺼이 울었다. 작고 마른 아이가 이러다 탈진하는 건 아닌가 걱정돼 차분히 달래며 말을 건네기 시작했다.

"찬아, 할아버지가 가신다고 생각하니 너무 슬프지? 엄마도 찬이 마음 이해해. 우리 찬이가 많이 슬펐나 보다."

"너무 슬퍼. 할아버지가 안 갔으면 좋겠어."

"그랬구나. 찬이가 실컷 울고 나서 마음속에 있는 생각을 직접 이야기하는 건 어떨까? 할아버지랑 함께 있는 동안 어떤 순간이 좋았는지, 헤어지게 되어서 얼마나 슬픈지, 겨울방학 때 영주에서 다시 만나면 뭘 같이 하고 싶은지. 할아버지가 저 방에 계시니까 우리 가서 이야기하는 건 어떨까?"

슬픈 감정에 푹 빠져 울고 있던 찬이가 내 말을 듣더니 조금씩 진정하는 게 보인다. 마음을 전달할 대상이 아직 곁에 있다는 사실이 아이에게 새로운 발견이었나 보다.

찬이 손을 잡고 할아버지가 잠자리를 깔고 있는 방으로 갔다. 울먹이는 찬이를 보곤 얼른 안아 주며 달래시는 할아버지와 그 품에서 다시 눈물이 나 아무 말도 못 하는 찬이. "찬아, 할아버지랑 있는 동안 어떤 게 참 좋았어?" 하고 묻자 눈물이 그렁그렁한 두 눈을 잠시 위로 굴리며 할아버지와 함께한 시간을 더듬는다.

"음… 할아버지가 학교 앞까지 같이 가 주는 것… 그리고 목욕시켜 주신 것… 그리고 내 생일 파티 한 것… 그리고 할아버지랑 같이 자는 것… 또 밤에 매일 기도해 주신 것… 같이 산책한 것… 같이 밥 먹은 것… 모두 다!"

할아버지는 찬이를 꼭 안으며 "할아버지는 세상에서 제일 행복한 사람이야. 할아버지도 찬이랑 있는 시간이 모두 다 좋았어"라고 덧붙이신다. 한결 진정된 찬이는 겨울방학 때 영주에 가면 할아버지 일도 돕고 강아지 밥도 주고 교회도 같이 가겠다고 약속한다. 슬픈 감정에 휩싸여 어찌할 줄 모르던 아이가 마음껏 눈물을 쏟아내고, 이별의 대상을 직접 마주하며 좋았던 순간과 슬픈 감정을 자신의 언어로 전달하면서 조금씩 진정되는 모습이 보인다. 무엇이 그리 슬펐는지, 할아버지와 무엇이 좋았는지 정리가 되는 것 같았다.

1시간여의 이별 의식을 마무리하고 할아버지는 손주들과 함께 누우셨다. 두런두런 이야기 나누는 세 녀석과 할아버지의 목소리가 살짝 열린 방문 틈으로 흘러나온다. 찬이 곁에서 한참 진을 뺐더니 이제야 긴장이 풀리는지 나도 몸이 노곤하다.

아직도 이별이 쉽지 않은 우리 아이들. 아이마다 양상은 다르지만 이별을 쉽게 받아들이는 녀석은 아무도 없다. 입양 아동은 자신의 온 우주였던 생부모와의 결별을 경험하고 우리에게 온다. 생부모뿐 아니라 이후 만난 여러 양육자와 영문도 모르는 이별을 거듭 경험하고 온 아이도 있다. 이전의 이별 경험은 어렸거나 기억이 없기 때문에 숨겨진(억압된) 상실로 자리 잡기 쉬운데, 살면서 다른 종류의 이별을 경험할 때 밖으로 터져 나올 수 있다.

애완동물의 죽음이나 할아버지 할머니의 죽음, 부모의 이혼 혹은 먼 곳으로 삶의 터전을 옮기는 이사도 아이의 상실감을 건드릴 수 있다. 또 친한 친구와의 결별, 연애 대상의 거절 등도 이전의 상실감을 건드리는 방아쇠가 될 수 있다. 입양 이전의 상실이 우리의 책임은 아니지만 이전에 경험한 상실감을 다루고 치유하는 과제는 지금 우리의 몫이다. 이전의 상실은 아이가 대처할 여력이나 준비 없이 벌어졌고, 교감할 대상마저 사라진 뒤였다. 하지만 앞으로 경험하는 여러 상황은 입양 부모가 돕는다면 다르게 맞이할 수 있다. 아이가 경험한 상실감을 잘 드러내고 다루도록 돕는 것이 우리 입양 부모의 중요한 역할이다.

존 제임스, 러셀 프리드만, 레슬리 랜던 매슈스가 쓴 책 《우리 아이가 슬퍼할 때》(북하우스, 2004)는 아이의 슬픈 마음을 어루만지고자 하는 부모에게 좋은 안내서다. 슬픔이란 상실의 경험에 대한 정상적이고 당연한 반응이며 병적인 상태나 정서적인 장애가 아니라고 강조하면서 부모가 아이의 슬픈 감정을 억압하거나 다른 감정으로 쉽게 대체하지 않도록 알려 준다. 아이가 자기 감정을 온전히 느끼고 언어로 표현하며 이별할 대상에게 할 수 있는 모든 것을 '지금' 전달하도록 돕는 것. 우리 아이들과 함께한 시간 동안 나도 그 힘을 경험했다.

여느 가족처럼 평범하고 즐겁게 살면서도 상실과 애도의

터널을 한번 지날 때면 진기가 다 빠지는 느낌이 든다. 그래도 쉽지 않은 과정을 순리대로 잘 통과하고 있다고 믿기에 걱정하지 않는다. 방에서 흘러나오던 소리가 어느새 잦아들었다. 이제 나도 부모님과의 이별을 준비할 시간이다. 내일 새벽 영주로 내려가면서 드실 김밥을 싸기 위해 쌀도 불리고 된장국에 넣을 봄동도 다듬어야겠다. 오늘 밤은 왠지 짧을 듯하다.

낳아 준 엄마에게
나는 어떤 의미일까?

잠자리에 들 시간이 넘었는데 괜히 내 침대 곁을 서성이는 시아의 표정이 평소와 달라 곁에 불러 앉혔다.

"시아야, 엄마한테 할 말 있어? 요즘 힘든 일 있니?"

대답은 아니라고 하면서도 어깨를 감싼 내 팔에 기댄 시아의 눈가가 벌게지기 시작했다. 녀석, 또 어떤 일로 상처받았구나. 훌쩍거리는 아이를 가만히 안고 등을 쓰다듬어 주니 울음 반 소리 반으로 이야기를 시작한다.

학교 보건 시간에 선생님이 임신과 출산에 대해 설명하며 "이렇게 힘든 시간을 거쳐 탄생한 너희가 낳아 준 부모님께 얼마나 소중한 존재겠니?"라고 하셨단다. '낳아 준 엄마는 왜 나를 키우지 못했을까?' 수없이 질문하고 답을 찾으며 감정의 폭풍우를 견딘 시아지만, '낳아 준 엄마에게 내가 어떤 존재일까?'라는 새로운 관점의 질문에는 스스로 답을 내리기가 버거웠나 보다. 아니, 어쩌면 그 답을 이미 알고 있다는 듯 내 품에서 작은 어깨를 들썩이며 한참 우는 시아.

낳아 준 부모에게 나는 어떤 존재였을까? 나를 소중하다고 여기기는 했을까? 어떤 마음으로 나를 떠나보냈을까? 많은 입양인이 궁금해하는 질문이다. 입 밖으로 표현하지 않은 입양인은 있어도 이 질문이 가슴을 할퀴지 않은 입양인은 없지 않을까? 어쩌면 그 답을 찾고 싶어 뿌리 찾기를 하는지도 모르겠다.

나는 아이들과 생모에 관해 이야기할 때 긍정적인 느낌을 주려고 사실을 미화하거나 과장하지 않으려 한다. 혹시 모를 내 안의 편견이 아이들에게 전달되지 않을까 신경 쓰며 최대한 담백하게 말하곤 한다. 생부모에 대한 생각과 감정이 나에게서 이식되지 않고, 스스로 발달시키다 깨어지고 다시 생겨나고 통합되는 과정을 통해, 아이들 스스로 고유한 생각과 감정을 갖길 바라서다. 이제 열몇 살 아이에게 자신의 뿌리에 대한 질문과 감정은 참으로 잔인하다. 이런 고통의 구간을 줄이는 지혜가 왜 아직 마련되지 않은 걸까?

생부모에 대한 막연한 동경과 그리움, 원망과 배신감 혹은 제 인생에 대한 분노와 무력감. 이 모든 것과 싸우며 통과한 아이는 언젠가 그들과 '인생 대 인생'으로 마주하는 단단한 자신을 만날 수 있을까?

"시아야, 질문이 나온 김에 우리 같이 생각해 보자. 널 낳아 준 엄마에게 시아는 어떤 존재였을까?"

생모가 자신을 어떻게 생각했는지 유추할 수 있는 유일한 힌트는 '생모로부터 남겨진 것이 아무것도 없다'는 사실뿐이다. 소중했다면, 사랑했다면 무엇이라도 남겨야 하지 않았나 하는 의문이 아이라고 왜 없을까. 생모에게 배냇저고리며 손편지 등 여러 가지를 전달받았다는 입양 가정은 운 좋은 경우에 속한다. 대개는 A4 한 장에 담긴, 입양 기관 실무자가 작성한 몇 줄의 내력과 출생 시 정보가 전부다. (2012년 입양특례법 개정 이후 생모 호적에 아이를 올린 후 입양을 보낼 수 있게 되면서 생모가 남긴 기록과 물품이 조금씩 늘어나는 추세다.)

"시아야, 엄마가 얼마 전에 입양 보낸 엄마들을 몇 분 만났어. 그분들 모두 아이를 갖게 된 상황은 제각각이었지만 출산 이후 아무런 도움을 받지 못한 건 마찬가지더라. 가족도 남자친구도 교회도 사회도 모두 입양이 최선이라고 권하며 아무도 아이를 키울 수 있도록 돕지 않았더라고. 그런데 더 놀라운 건 그분들 모두가 입양 보낸 아기를 떠올리며 아직도 '내 아기'라고 얘기한다는 거야. 내 아기가 어디서 잘 크고 있을지 너무 궁금하고, 생일이면 생각나고, 뉴스에서 입양 관련 소식을 접하면 심장이 덜컹대면서 아기가 잘 자라기만을 기도하게 된대. 그리고 나중에 아이가 만나길 원한다고 연락이 오면 꼭 만나서 그간 어떻게 지냈는지 다 듣고 싶다고 했어."

생모들을 만나지 못했더라면 해 줄 수 없는 이야기다. 아이에게 전할수록 힘이 되는 그 고백이 정말 고마웠다.

"시아야, 너는 엄마 아빠에게도 너무 귀한 존재야. 하나님이 널 귀하게 빚어 이 땅에 태어나게 하셨고 우리를 만나게 하셨잖아. 이제 너 자신이 어떤 존재인지 의심하지 않을 수 있겠어?"

눈물을 멈춘 아이가 고개를 끄덕이고는 조용히 숨소리만

내며 안겨 있다. 본격적으로 자기 탐색을 하며 정체성을 찾아가는 과정 한가운데 있는 시아. 10년 전 내 삶을 헤집고 들어온 '작은 침입자' 같았던 다섯 살 아이가 어느새 철이 반쯤 든 모습으로 인생의 질문 앞에 버티며 서 있다. 기특하면서도 그 성장통이 안쓰러운 나는 오늘도 마음을 다잡으며 고백해 본다.

시아야, 엄마가 곁에서 함께해 줄게. 네 인생 속 천 번의 바람을 같이 마주할게.

섬세하고
따뜻한 분리

3~4년 전 입양 보낸 지 1년이 채 되지 않은 어린 엄마들을 인터뷰할 기회가 있었다. 이들이 낯선 사람 앞에서 쉽지 않은 이야기를 꺼내겠다고 마음먹은 건 자신들의 이야기가 입양의 잘못된 실천을 바꾸는 데 조금이라도 도움이 되길 바라서였다.

각기 다른 입양 기관을 통해 아이를 보낸 엄마들이었다. 동네에서 흔히 마주칠 법한 20대 앳된 얼굴의 이들에게 입양 결정 전후로 무슨 일이 있었던 걸까? 무표정한 얼굴로 앉아 있는 이들 곁에 함께 선 어른은 몇이나 있을까? 궁금한 마음을 가라앉히며 그들의 이야기를 경청했다.

입양을 결정하게 된 계기는 무엇인지, 입양 결정에 영향을 끼친 사람은 누구인지, 양육 지원에 관한 정보는 충분히 받았는지, 입양 기관에서 절차를 진행하는 과정이 어땠는지 듣는데 놀랍게도 30년 전 입양 보낸 엄마들에게 들은 이야기와 별반 다르지 않았다. 아직도 그렇다고? 입양특례법이 개정되었어도 아이를 입양 보내는 생모의 자리는 사회에서 가장 낮은 자리라는 사실, 그들의 마음과 인권에는 누구도 관심 없다는 사실을 새삼 확인했다.

아이를 출산한 뒤 어떻게 헤어졌는지, 입양 기관이 아이를 어떻게 데려갔는지 이야기하는데 한 엄마가 조금 높은 목소리로 말을 이어 갔다.

"제가 아이에게 하나라도 해 주고 싶어서 돈을 모아 예쁜 아기 옷을 입혔단 말이에요. 엄마로서 해 줄 수 있는 게 없다 보니 너무 미안해서 정말 힘들게 모은 돈으로 새 옷을 사 입혔는데… 입양 기관 사람이 오더니 뭐라 설명도 안 하고 아이 옷을 싹 벗긴 후 기관에서 챙겨 온 옷으로 갈아입혔어요. 내가 아이 입히려고 산 옷을 다 벗기고 자기네가 가져온 내복이랑 양말이랑 그런 거로 다 갈아입혔다고요!"

목소리가 갑자기 커졌다. 이별의 순간을 더듬다 보니 억눌린 감정이 솟구치는지 얼굴이 붉게 변해 있었다. 그녀의 고백이 다른 엄마들의 감정도 건드린 걸까? 너도 나도 목소리를 높이며 아이와 헤어지던 순간에 대해 쏟아내기 시작했다.

"맞아. 우리 아이도 입고 있던 옷을 싹 다 벗기고 새로운 옷을 입혀서 데려갔어요."

"아이를 데려가면서 '지금 이렇게 헤어지게 되는데 괜찮겠어요? 저희가 이제 아이를 안고 가도 될까요?' 하고 묻지도 않았어요."

"어떻게 그럴 수가 있어요? 아무리 미리 얘기된 상황이라고 해도 그렇지, 아이랑 엄마가 헤어지는 마지막 순간이잖아요. 그런데 우리한테 아무런 이야기도 안 하고, 한번 안아 볼 기회도 안 주고, 새 옷 입혀서 아이만 싹 데려가냐고요. 정말 너무 하지 않아요?"

조용하던 인터뷰 공간에 갑자기 새로운 사람들이 들이닥친 것처럼 격앙된 목소리가 터져 나왔다. 조금 전까지 무표정하게 테이블에 앉아 있던 그 엄마들이 맞나 싶을 정도로 모두가 분노하고 있었다. 눈시울이 붉어지고, 주체할 수 없는 눈물이 터졌다. 나도 연신 눈물이 났다. 이 이야기를 우리 아이들이 들으면 얼마나 가슴 아플까? 생각만으로도 머리가 띵하고 가슴이 메슥메슥했다. 인터뷰를 끝내고 돌아오는 내내 가슴이 얼얼하던 그날이 잊히지 않는다.

입양의 여정을 축약하면 '분리와 연결'이 아닐까? 입양은 한 아이가 생모와 분리되며 시작되고, 낯선 곳에 적응하고 뿌리를 내리며 연결되는 것이다. 자신의 출생 가족과 역사로부터 분리되어 새로운 문화와 가족에게 연결되는 것이다. 아이는 자신에 대해 알 수 있는 익숙한 상황과 모든 가능성에서 분리되어 자신이 누구인지, 어디에서 왔는지 모르는 낯설고 불친절한 상황과 연결된다. 입양은 입양인의 인생에서 수많은 지점을 분리해 내어 사라지게 하는 상실을 전제로 한다.

어쩔 수 없이 입양을 보내야 한다면 엄마와 아이 모두를 위해 더 섬세하고 따뜻한 분리가 이루어지도록 배려해야 한다. 아이의 양육을 포기했다고 해서 아이를 떠나보내는 순간이 고통스럽지 않을 리 없다. 아이를 입양 보내겠다고 결정했어도 엄마가 여전히 하나의 인격체라는 사실은 달라지지 않는다. 그 아픔은 공감받아야 하고 인권도 존중받아야 한다.

많은 입양인이 자신이 생모로부터 어떻게 분리되었는지, 생모가 나를 어떤 마음으로 보냈는지 알고 싶어 한다. 이름은 지어 주었는지, 나를 위해 남긴 기록은 없는지, 나에게 들려 보낸 작은 물품은 없었는지 알고 싶어 한다. 행여나 생모로부터 여러 물품과 기록을 건네받은 입양인을 만나면 부러워하며 자신도 생모의 흔적을 갖고 싶다고 말한다.

어린 엄마가 아이를 떠나보내며 입혔던 옷을 입양 과정에서 벗기지 않고 아이를 위한 소중한 역사로 잘 보관하다 입양 가정에 전달했다면 어땠을까? 아무것도 유실되지 않고 소중하게 잘 건네지는 분리였다면 어땠을까? 그렇다면 아이를 떠나보내는 엄마의 마음도 덜 아팠을 테고, 훗날 생모가 입혀 준 옷이라는 사실을 알게 된 입양인은 자신이 그냥 버려졌다는 생각은 덜하게 되지 않을까? 자신의 생의 조각을 스스로 수집할 수 없는 입양 아동(입양인)을 위해 이별의 순간을 함께하는 어른들이 최선을 다해 여러 정보와 물품을 수집하고 기록을 남겨 주어야 한다. 아주 작은 조각 하나에도 뛸 듯이 기뻐하며 자신의 일부로 끌어안는 입양인을 위해 섬세하고 따뜻한 분리가 될 수 있도록 도와야 한다.

고통스러운 분리,
불안한 연결

"분리는 죽음만큼 고통스럽고, 연결은 불안을 수반한다."

매월 특정한 주제로 이야기를 나누는 모임에 한 입양인이 써 온 글의 첫 문장이다. '분리와 연결'은 입양에서 떼려야 뗄 수 없는 핵심 주제다. 입양인은 출생 가족과 분리되어 새로운 입양 가족과 연결되며, 자신이 상실한 것들로 인해 평범한 삶에서 분리되기도 하고 예상치 못한 새로운 삶과 연결되기도 한다.

입양인이 쓴 글에서 "연결은 불안을 수반한다"라는 표현에 시선이 머물렀다. 연결이 불안을 수반한다고? 분리가 불안을 수반하고 연결은 안정을 주는 것 아니었나? 출생 가족으로부터 분리된 아이에게 안정감을 주고 싶어 입양 부모가 되었고, 아이와 더 깊이 연결되고자 이런저런 노력을 하는 나로서는 "연결은 불안을 수반한다"라는 의미가 쉽게 수긍되지 않았다.

> "내가 연결될 새 가족이 얼마나 안전한지, 끝까지 내 곁에 있을지 모르잖아요. 그 불확실성을 알면서도 누군가와 다시 연결되기 위해 노력하는 것은 당연히 불안하죠."

그의 대답은 짧지만 선명했다. 입양 부모 입장에서야 연결이 곧 안정을 뜻하겠지만, 입양인에게는 아무것도 확신할 수 없는 낯선 이와 연결되는 셈이니 불안하고 두려울 수밖에. 모든 것을 버리고 낯선 우리 집으로 와서 서로 연결되는 시간 동안 불안을 억누르며 애썼을 아이들 생각에 마음이 짠했다. 내가 아직도 (입양하는) 부모 중심에서 벗어나지 못했구나 하고 깨달은 순간이었다.

입양인은 생의 중요한 대상으로부터 원치 않은 분리를 경험한 고통이 너무 커서 다시는 이별을 겪고 싶지 않은 마음에 새로운 연결을 불안해하고 부담을 느낀다. 입양인들이 입양 가정에서 초기에 구토를 많이 한다는 이야기도 있고, 걸음마를 배우는 시절에 입양 어머니와 떨어지면 복통을 느끼고 어른이 되어서도 배우자와 떨어지면 복통을 느낀다는 이야기도 읽은 적이 있다(원초적 상처). 실제로 우리 둘째도 내가 무서운 표정으로 혼내려 할 때 배가 아프고 구토가 나올 것 같다고 울먹인 적이 있다. 엄마의 무서운 얼굴이 다시는 연결되지 못할 사이로 자신을 분리하는 것 같았나 보다(이후로는 무서운 표정을 짓는 대신 차분히 대화로 풀어 가기로 했다).

다섯 살 겨울, 입양의 의미를 이해한 은기가 내 품에서 통곡하며 내뱉은 말, "엄마가 떠날까 봐 두려워요." 일곱 살 찬이가 자주 하던 질문, "엄마가 죽으면 어떻게 해요?" 매일 아침 출근하는 나를 향해 하루도 빠짐없이 건네는 시아의 말, "엄마, 운전 조심하시고 몸 조심히 들어오세요."

우리 아이들이 그간 내게 건넨 말들이 이제야 제 뜻으로 전해진다. 지금의 연결이 깨어질까, 지금 눈앞의 엄마가 영원히 곁에 있을까 묻고 확인하던 아이들의 속마음을 조금 더 선명히 이해한다. 함께한 시간이 쌓일수록 그 불안이 안정감으로 바뀌길 기대하며 살아가지만 이 또한 내가 자신할 수 없는 부분이다. 낳아 준 엄마와 40년을 넘게 살면서 진정한 연결감을 느낀 지 이제 10년 남짓한 나 자신을 보며, 함께 산다고 해서 저절로 연결되지는 않는다는 진실을 확인한다.

입양인이 건강한 성인으로 독립하기 위해서는 깊은 연결의 경험이 필요하다. 누군가로부터 분리되려면 먼저 연결된 상태여야 하듯 부모에게서 온전히 분리되어 독립을 이루려면 단단히 연결된 안정감부터 누려야 한다.

 더 많은 시간을 보내고, 더 많은 추억을 쌓고, 더 많은 감정을 나누며 서로를 끌어안아야겠다. 누군가의 자녀에서 자기 자신으로 훌쩍 자랄 아이들의 모습을 볼 날을 기대하며 내게 주어진 시간만큼 최선을 다해 사랑해야겠다.

너무 늦지 않게
찾아보고 싶어요

아이를 입양 보낸 생모에게 아이 소식을 어디까지 알려 줘야 할까? 아이를 떠나보낸 생모는 친권을 포기했으므로 아이의 소식을 묻거나 접할 권리가 없는 걸까?

양천 아동 학대 사망 사건으로 온 세상이 분노로 들끓을 때 아이의 생모를 걱정하는 사람들은 드물었다. 생모는 그 소식을 알았을까? 뉴스를 통해 접했다면 얼마나 큰 충격과 죄책감으로 힘들어할까? 곁에서 그녀를 돌봐 줄 사람이 있긴 할까? 아무 도움도 못 줄 거면서 어디에 있는지도 모르는 그녀를 향한 안타까움에 마음만 타들어 갔다.

4년 전 대구 입양 아동 학대 사망 사건 당시 아이가 첫 번째 입양 가정에서 거절당해 되돌아왔을 때도, 한 달 만에 새로운 가정에 재배치되었을 때도, 학대 끝에 뇌사 상태에 빠졌을 때도, 생모는 아무런 연락을 받지 못했다. 아동의 상황을 파악하지 못한 법원은 아이가 뇌사 상태일 때 입양 허가를 냈고, 죽은 아이의 장례에 대해 생모는 어떠한 결정도 할 수 없었다.

아이를 입양 보낸 뒤 생모에게 전달되는 정보라고는 국내 입양인지 해외 입양인지, 유자녀 가정인지 아닌지 정도의 간략한 내용뿐이다(사회복지사에 따라 한두 가지 정보가 가감될 수는 있다). 입양 삼자(입양인, 입양 부모, 생부모) 모두의 새 출발을 위해 양측의 정보는 완전히 폐쇄되는데, 아이를 보낸 생모도 새로운 삶을 일궈야 하고 아이를 맞이한 입양 부모도 온전한 부모로서 자리를 잡아야 하므로 양측의 삶을 보호하는 안전한 벽을 세우는 것이다.

그러나 아이의 신변에 이상이 생겼다면, 생부모의 삶에 이변이 생겼다면 어떻게 해야 할까? 입양 보낸 아이가 파양되어 돌아오거나 학대 신고로 분리 조치되었다는 사실을 생모가 알게 된다면, 생모가 위중한 병으로 시한부 삶을 선고받았다는 사실을 입양인이 알게 된다면 그들의 마음은 어떻게 달라질까? 이제껏 지켜 온 삶의 질서가 흔들리더라도, 지금껏 외면해 온 두려움을 마주하더라도 자신 앞에 놓인 중요한 현실 앞에서 새로운 결단을 내리지 않을까? 가족과 사회는 이 결정을 어떻게 지지해 주어야 할까?

얼마 전 달리던 차 안에서 생모와 재회하는 일에 관해 아이들과 이야기를 나눴다. 한창 입양 관련 이슈를 다루느라 감정의 파고가 거셌던 몇 년 전과 달리 아이들은 그새 많이 자라 담담하고 평온하게 생모에 대한 각자의 마음을 들려주었다. 생모를 자주 떠올린다면서 할 수만 있다면 양쪽 집을 오가며 재밌게 살고 싶다는 열 살 찬이와 스무 살이 되어 성숙한 모습으로 만나 보고 싶다는 열네 살 은기의 말도 새로웠지만, 혹시라도 기회가 사라질 수 있으니 되도록 빨리 정보 공개 청구를 하고 생모와의 만남도 신청하고 싶다는 열여섯 살 시아의 말이 가슴 깊이 남았다. 기회가 사라질 수도 있다는 말의 뜻을 물으니 "낳아 주신 분이 아프거나 혹시라도 돌아가시면 영영 못 만날 수도 있을 테니 너무 늦지 않게 찾아보고 싶다"는 시아. 그 마음이 내게 그대로 포개졌다.

우리 아이들의 생모는 잘 지내고 있을까? 혹시 아이가 궁금해서 입양 기관에 전화를 하거나 편지를 남겼는데 전달받지 못한 건 아닐까? 중차대한 결정을 앞두고 아이를 한번 만나길 고대하고 있는데 누구도 귀 기울여 주지 않아 소식을 남길 엄두를 못 내고 있는 건 아닐까?

매뉴얼을 고수하는 것 이상으로 인간에 대한 진심과 배

려를 갖추지 못한 입양 기관에 아쉬움이 많다. 아이를 위해 소식을 남기는 창구는 양측이 열어 두되 그것을 받아들일지 말지는 입양인이 결정하도록 하는 것이 이상적이지 않을까? 아이와 내가 준비되었다고 느끼는 순간이 생모의 시간과 맞닿으리란 보장이 없으니 그렇게라도 사회가 입양인의 알 권리를 지지하는 통로를 마련해 주면 잃어버린 삶의 조각을 맞추고 싶어 하는 이들에게 큰 힘이 되지 않을까?

나는 입양 엄마다. 내 아이를 가장 사랑하는 진짜 엄마다. 그렇다고 내 아이를 낳아 준 생모를 가짜라고 부르고 싶지 않다. 그들이 친권을 포기했다고 하여 아이의 삶에 대해 알고 싶은 마음, 자신의 소식을 전하고자 하는 마음까지 무시당해도 된다고 생각하지 않는다. 그들의 몸속에서 잉태되었지만 이제는 내 품에서 빚어지고 있는 아이들. 아이들은 생부모로부터 받은 몸의 유산과 입양 가정으로부터 받은 삶의 유산을 통합해야 건강히 자랄 수 있다.

아이들의 행복은 양측이 겨루어 쟁취한 반쪽의 승리로 빚어지는 게 아니라 서로를 인정하며 수용하는 상호 보완의 관계에서 더욱 견고해진다고 믿는다. 그래서 우리는 함께 행복해야 한다.

무대 위
세 당사자

"설아 쌤, 제가 실은… 생모예요. 30년 전 아이를 해외로 입양 보냈어요."

처음으로 얼굴을 마주한 자리에서 네 아이의 엄마이자 심리상담사라고 자신을 소개한 전현숙 선생님은 그렇게 자신의 세 번째 정체성을 드러냈다. 페이스북에서 서로의 글을 좋아하다 만난 첫 자리에서 들으리라곤 상상도 못 한 고백. 평소 내 글을 읽으며 국내에도 이렇게 생각하는 입양 부모가 있다는 사실에 놀랐다며 만나서 이야기를 나누고 싶은 마음에 나왔지만, 오늘 이렇게 고백할 줄은 본인도 예상치 못했다고 한다. 자신을 생모라고 당당히 밝히는 어른을 만나다니, 그토록 기다려 온 인연을 만난 건가 하는 생각에 가슴이 쿵쾅거렸다.

선생님의 고백을 듣는데 막내아들을 낳아 준 생모가 생각났다. 그녀는 내가 직접 만나 본 첫 번째 생모였다(사실 이 단어를 사용할 때마다 미안한 마음이 든다). 막내 이전에도 두 아이를 입양했지만 내게 생모라는 존재는 서류에 적힌 몇 줄로 상상할 수밖에 없는 이미지일 뿐 실존하는 인물은 아니었다. 아이들을 세상에 존재하게 해 준 고마운 사람이라고 머리로는 이해하면서도 실제로 같은 하늘 아래 두 발을 붙이고 살아가는 존재라고는 생각지 못했다. 그런 나의 관념을 깨뜨리려는 듯 눈앞에 나타나 우리 막내의 임신과 출산, 입양 결정에 이르는 긴 여정을 생생히 들려주고 자신이 아이를 얼마나 키우고 싶었는지 직접 말해 준 그녀. 입양 부모와 아이, 두 당사자의 관계에 방점을 찍고 입양을 이해하던 내게 그녀는 생부모, 입양인, 입양 부모 세 당사자가 함께 엮어 내는 '분리와 연결'의 대서사시로 입양을 바라보게 해 주었다.

세 당사자가 서 있는 곳 위로 환한 핀 조명이 켜지자 무대 위 공기와 무게감이 다르게 다가왔다. 아이와 연결된 생부모를 오래된 기억의 끄트머리마냥 작고 희미한 존재로, 언젠가는 슬그머니 사라질 존재로 느끼던 나를 되돌아보게 되었다. 그런 내 앞에 살아 있는 존재로, 자기 자신을 그대로 입은 채 나타나 준 그녀 덕에 나는 조금 더 깊이 입양 안으로 들어서게 되었다.

이후 5년이 지난 뒤 만난 전현숙 선생님. 아이를 떠나보낸 어린 엄마에서 자신과 타인을 치유하는 심리상담사가 되기까지, 뿌리를 찾아 한국에 들어오는 수많은 해외 입양인을 환대하는 또 다른 생모의 자리를 지키기까지, 백과사전 분량으로도 모자랄 만큼 빡빡한 30년 삶의 여정이 파노라마처럼 그려졌다. 그 수치와 고통의 시간을 어떻게 견뎠을까? 어떤 힘이 선생님을 이렇게 성장하도록 이끌었을까? 가장 깊은 곳에 숨겨 두었을 생모의 정체성을 어떻게 오늘 이 자리에서 꺼낼 용기를 내었을까?

선생님은 어쩌면 파커 J. 파머가 《모든 것의 가장자리에서》(글항아리, 2018)라는 책에서 말했듯 세월과 함께 찾아오는 지혜를 받아들이며 복잡함의 이면인 단순한 진실과 가장 가까워지는 '가장자리'에 서 있던 것은 아닐까? 아프고 버림받고 숨어 버리고 결국 실체 없이 사라지는 생모가 아니라 그 자리에 두 발을 디뎌 자신을 세우고, 같은 아픔을 가진 이들에게 품을 내어 주며, 다시 만날 아이를 위해 열심히 성장하는 선생님의 모습이 존경스러웠다.

"선생님, 이렇게 나타나 주셔서 감사해요. 힘드시겠지만 더 넓은 세상에서 선생님의 목소리를 내 주세요. 생모로 살아오신 이야기를 생생한 언어로 들려주세요. 저도 곁에서 힘껏 도울게요."

선생님의 손을 꼭 쥐며 간청했다. 아울러 어렵게 이 자리에 나타난 선생님의 손을 놓지 않겠다고 다짐했다.

두 엄마,
입양인의 손을 잡다

"대전에서 워크숍을 마치고 올라오는 길에 왠지 모르게 눈물이 났어요. 그 후로 새롭고 낯선 감정에 잠 못 이루고 있고요. 부탁 하나만 드려도 될까요? 둘째 아이를 낳기 전에 워크숍 때 뵈었던 생모분을 만나 도움을 청하고 싶어요. 그래야 제가 두 아이를 튼튼하게 길러낼 자신이 생길 것 같아요. 뭘 원하는지 저도 잘 모르겠지만 두 분께 도움을 청하고 싶어요. 부탁드려요, 설아 쌤."

이른 아침에 카톡이 울렸다. 지난주 대전에서 열린 입양 실무자 워크숍에서 입양인 사례 발표자로 나선 소영 씨였다. 둘째 출산일이 얼마 남지 않았는데도 나의 제안에 선뜻 입양인 사례 발표자로 나서 준 그녀는 지난 10년간 국내 입양계에서 가장 바쁘고 사랑받는 성인 입양인이었다. 비밀 입양으로 자랐지만 부모님의 사랑이 극진해서 한눈에 봐도 유쾌한 매력이 돋보이는 성인 입양인. 입양 사실을 알고 난 뒤에도 딱히 방황의 시간이 없었다는 소영 씨의 고백은 오랜 시간 많은 입양 부모에게 긍정과 희망의 메시지를 주었다.

그런 그녀가 결혼 후 첫아이를 출산하고 힘든 시간을 보냈다는 사실을 뒤늦게 전해 왔다. 엄마를 알아보며 환하게 웃고, 잠시라도 보이지 않으면 울면서 엄마를 찾는 아이의 모습에서 기억나지는 않지만 어린 날의 자신이 자꾸 떠오른다고 했다. 한창 엄마를 사랑하는 30개월 딸의 모습에서 그 시기에 입양된 자신과 이쁘고 어린 것을 두고 떠나야 했던 생모 생각이 파도처럼 자꾸 밀려온다고 했다. 그 아픈 시간을 어떻게 견뎠는지 헤아릴 겨를도 없이 소영 씨는 어느새 둘째의 엄마가 될 준비를 하고 있었다.

오랜만에 사례 발표자로 나서기 위해 대전으로 내려온 소영 씨가 숨을 고르던 그 시간, 생모인 전현숙 선생님의 사례 발표가 진행되고 있었다. 소영 씨에게 앞에 서신 분이 생모 사례 발표자라고 소개하자 숨을 고르던 그녀의 동공이 살짝 흔들렸다. 관념이 아닌 실체로서의 생모를 처음 마주하는 순간. 입양인이라면 누구라도 쉽지 않은 순간이다.

잠시 후 차례가 된 소영 씨가 앞으로 나가 마이크를 잡는데 이전의 그녀가 아닌 듯 무언가 부자연스러운 모습이었다. 유쾌하고 유머러스한 말솜씨로 좌중을 휘어잡던 그녀가 마치 무언가에 홀린 사람처럼 중언부언하며 사례 발표를 이어 갔다. 그런 자신이 힘들었는지 사례 발표가 중반부를 넘어설 즈음 솔직하게 속내를 털어놓았다.

"제가 사실 지금 정신이 좀 없어요. 아까 사례 발표를 하신 생모분을 보고 나니 정신이 멍해서 준비한 원고를 하나도 소화 못 하고 있어요. 정말 죄송해요. 제가 생모를 오늘 처음 봤거든요. 저분을 보는 순간 아, 나의 생모도 저 정도 나이가 들었겠구나, 왜 나는 매번 20대 어린 생모를 생각했는지… 지금 너무 충격받아 뭘 어떻게 해야 할지 모르겠어요. 죄송하지만 오늘은 좀 짧게 할게요."

부랴부랴 사례 발표를 끝낸 그녀에게 전현숙 선생님이 인사를 건네려는데 소영 씨는 뒷걸음치며 짧은 인사만 남긴 채 도망치듯 서울로 올라갔다. 임신부의 몸으로 뒤집힌 마음을 부여잡고 어떻게 운전해서 올라갔을까 내심 걱정했는데, 그녀한테서 먼저 도와 달라는 신호가 온 것이다. 생모와 입양 부모 두 사람에게 동시에 도움을 청하는 입양인의 메시지였다. "뭘 원하는지 저도 잘 모르겠지만 두 분께 도움을 청하고 싶다"는 입양인의 간절한 부름에 두 엄마는 응답하기로 했다.

성인 입양인, 생부모, 입양 부모가 처음으로 한자리에 모였다. 작은 스터디룸에 둘러앉은 셋은 오늘 상대가 어떤 이야기를 꺼내더라도 다 받아들일 준비가 된 자세로 마주 앉았다. 몇 마디 꺼내다 눈물샘이 터져 버린 소영 씨. 그런 그녀를 전현숙 선생님이 다가가 가만히 안아 주었다. 상상 속에서만 느껴 왔을 그 품과 체온. 자신을 낳아 준 생모는 아니지만, 소영 씨와 비슷한 나이의 자녀를 떠나보내고 평생 아픔을 견뎌 온 선생님의 품이 그날은 더 가깝게 느껴졌을 테다. 그렇게 마주 울고 있는 두 사람을 내가 다시 두 팔 벌려 끌어안았다. 두 사람에게서 묻어나는 뜨거운 물기가 내 몸으로 흘러들어 오니 나 역시 뜨거운 눈물이 터져 나왔다.

이렇게 멀쩡히 살아 있는 사람들이 왜 그간 만나지 못했을까? 이렇게 서로를 끌어안을 수 있는데, 함께 이야기를 나누는 것만으로도 서로의 빈 곳을 채울 수 있는 고마운 존재인데, 왜 그리 오랜 시간 단절된 채 살았을까? 눈 맞추고, 안아 주고, 함께 울며 서로의 인생에 귀 기울이는 사이 우리는 이전보다 더 온전해진 듯한 느낌이 들었다. 더불어 생의 조각을 가장 많이 잃어버린 입양인에게 이렇게 양측의 부모가 함께하는 자리가 큰 힘이 될 수 있겠다고 생각했다. 누가 먼저랄 것도 없이 서로가 서로를 위해 존재하는 자리를 만들어 보자고 했다. 연결이 건넨 놀라운 선물, 입양 삼자 자조 모임은 그렇게 시작되었다.

우리의 삶은
연결돼 있습니다

몇 달 전만 해도 상상할 수 없던 모임을 시작했다. 생부모와 성인 입양인, 입양 부모, 이렇게 입양의 세 주체가 마주 앉아 서로의 삶을 나누는 입양 삼자 자조 모임을 시작한 것이다. 모두 어디서 숨어 지내다 이렇게 나타난 걸까 싶을 정도로 입양 삼자의 연결을 간절히 소망하는 이들이 하나둘 모여들었고, 몇 달 지나지 않아 작은 사무실 공간이 꽉 찼다. 우리가 서로를 마주하고 있다는 사실, 서로를 위해 기꺼이 손을 잡았다는 사실은 입양 삼자 자조 모임 참여자를 특별한 끈으로 연결한 듯했다. 매달 주제를 정해 이야기를 나누는 동안 혼자서는 해소할 수 없었던 질문이 상대의 경험과 생각을 통해 풀어지는 신기한 일이 이어졌다.

우리를 가족으로 묶어 주는 것은 무엇일까? 우리는 무엇으로부터 분리되고 무엇에 연결되었나? 내 아이의 생일(입양인은 자신의 생일)에 생각나는 것, 상실과 애도, 재회와 뿌리 찾기, 재회 이후의 삶, 입양의 아이러니, 입양 정체성의 변화 과정, 우리가 바라는 입양 등 누구도 다 갖지 못한 삶, 서로의 시간을 빌려 와 퍼즐을 맞추지 않으면 전체를 볼 수 없는 입양이 삼자 간의 대화를 통해 보다 입체적으로, 훨씬 생생하게 다가왔다. 입양의 여러 단편을 삼자가 가져온 세 가지 색실로 조각조각 엮다 보니 어느새 입양이 한눈에 들어오는 거대한 이야기 퀼트가 완성되어 갔다. 함께였기에 가능한 일이었다.

매년 12월에는 입양 삼자가 모여 그동안 세상에 알려지지 않은 입양의 살아 있는 이야기를 전하는 토크 콘서트를 개최했다. 이제껏 입양 이야기를 전하는 주체가 대부분 입양 부모였던 것과 달리 이 콘서트는 기획부터 실행, 마무리까지 모든 단계를 입양 삼자가 함께 만들고 함께 목소리를 낸다는 의의가 있어 모두가 신나게 참여했다. 그간 입양 부모의 목소리에 가려져 들을 수 없던 입양인의 목소리와 말할 기회조차 없던 생부모의 작은 목소리. 그들의 이야기에 동일한 마이크를 가져다 대는 것이 입양을 보다 균형 있게 만들 거란 믿음으로 지난 3년간 입양 삼자 토크 콘서트를 이어 왔다. 생부모와 입양인, 입양 부모 패널이 나눠 준 이야기 가운데 일부를 실어 본다.

"아들의 생일을 유일하게 기억할 수 있는 사람이기에 한순간도 잊어 본 적이 없어요. 내가 성장할 수 있도록 용기를 주는 사람이죠. 아들 생일날 편지를 쓰기도 하고, 출산 장소를 찾아가 둘러보기도 하고, 임신 때 먹었던 순댓국도 먹고, 그냥 혼자 걸어 보기도 하고, 울어 보기도 하고, 미역국을 한 솥 끓여 먹기도 하고요. 어떻게든 아들을 기억할 만한 무언가를 했어요. 어느 날 남편이 그러더라고요. '당신은 아들을 떠나보낸 적이 한 번도 없었네'라고요." — 생모

"두 아이를 입양하면서 '이 아이들은 내가 낳지 않았다'는 사실을 꼭 기억하려 했어요. 이것을 기억해야 아이들을 있는 그대로, 생모에게서 온 그대로 내가 받아들일 수 있을 것 같았어요. 아이의 독특한 특성을 격려하고 기뻐해 주는 게 중요하니까요." — 입양모

"입양을 하면 당사자의 삶에 숙제가 생긴다고 생각해요. 입양은 단순히 한 아이를 데려와 함께 사는 것이 아니

라 진정한 가족이 되는 거잖아요. 이 과정에서 풀어 나가야 하는 숙제가 많아요. 입양 자녀와 부모 관계에서 풀어야 할 숙제도 있고, 입양인이 자기 자신과 생부모에 대한 궁금증 그리고 그와 관련된 감정에 대해 풀어 나가야 할 숙제도 많고, 형제들과 함께 풀어야 할 숙제도 있겠지요."

- 입양인

"어렸을 때부터 입양 이야기를 하면서 자랐던 아들이 '왜 나만 엄마 배 속에서 나오지 않았냐고!'라고 소리 지르며 투정 부리면 '아빠도 엄마가 안 낳았어'라고 웃으며 넘겼지만 '나도 낳아 준 엄마랑 살고 싶어', '나도 다음 생에는 꼭 낳아 준 엄마랑 살 거야'라고 내 배를 베고 누워서 이야기할 때면 내가 '입양 부모'가 되어야 하는구나 하는 생각이 듭니다. 다르다는 것, 다름이 싫다는 것, 창피하다는 것, 부끄럽다는 것… 감당하기 힘든 오만 가지 생각을 가슴에 품고 살 수밖에 없는 어린아이가 잘 클 수 있도록 단단히 버티고 있어야 하는 것이 입양 부모라고 생각합니다."

- 입양부

"이제는 제가 입양 부모의 자녀이자 또한 생모의 자녀

라는 걸 알아요. 아직 다 깨닫고 정리된 것은 아니지만, 두 정체성을 받아들여야 한다는 것을 인정하고 있어요. 언젠가는 두 정체성을 통합할 날이 오겠지요."

- 입양인

"생모로서 알게 된 것은 입양 부모도 상처가 많구나 하는 거예요. 처음 이를 느꼈을 때는 속은 듯한 마음이 들어서 힘들기도 했어요. 이상하게 들리겠지만 내가 키우지 못해서 보낸 내 아이를 키우는 부모이다 보니 완벽할 거라고 생각한 거예요. 생모들은 '나보다 좋은 부모', '키울 능력이 있는 부모', '아이를 책임질 수 있는 부모'처럼 나보다 건강하고 밝고 완벽한 부모에 대해 많은 말을 들었기 때문이죠."

- 생모

"입양 삼자 모임에서 생모분들을 만나 가장 많은 것을 깨달았어요. 처음에는 그분들 말씀을 이해하기 힘들고 반발심도 들어서 피하고 싶기도 했어요. 어떤 때는 나의 생모에 대한 분노가 그분들에게 투사되기도 했고요. 그런 과정을 거치면서 생모분들을 인간적으로 이해하게 되었고 나중에는 나의 생모를 만나 봐야겠다는 생각이 들

더라고요." — 입양인

"아들을 찾았다는 소식을 들었을 때는 DNA 검사 결과가 나오지 않아서인지 긴가민가 남의 이야기처럼 현실로 와닿지 않았어요. 그런데 차츰 살아 있었구나 하는 기쁨과 나를 얼마나 닮았을까 하는 궁금증이 생기더라고요. 이젠 아들의 얼굴을 직접 보고 안고 싶어요." — 생모

"제가 생모를 만나게 된다면 그냥 궁금했던 것들만 이야기하고 그 이상은 생각해 보지 않을 것 같아요. 그래서 만나더라도 안아 드리기는 힘들 듯해요. 생모분과 만남이 이루어진 뒤로 10년은 더 걸릴 것 같아요." — 입양인

"친생자를 키우다 보면 나를 닮아서 힘들 때도 있고 또 배우자의 싫은 면을 닮아서 힘들 때도 있잖아요. 그런데 입양 자녀는 모든 면에서 새로운 게 많아요. 생물학적으로 다른데 뭔가 닮았다 싶을 때는 너무 반갑기도 하고요. 기질이 달라서 상황에 응하는 것도 다르고 그런 것들이 혼란의 요소도 되지만 한편으로는 신기하고 새롭기도 해요. 다양성을 더 많이 맛본다고나 할까요?" — 입양모

"재회하고 난 뒤 아들이 그러더라고요. '엄마는 나를 낳아 줬지만 내가 크는 과정은 모르는 거야. 내가 떨어져서 아팠을 때 엄마는 몰랐지만 입양 부모는 직접 나를 간호했어'라고요. 그 말이 너무 와닿았어요." - 생모

"딸과 생모의 만남을 지켜보면서 이렇게 할 수만 있다면 우리 입양 자녀에게 훨씬 더 좋겠다고 생각했어요. 베일에 싸인 비밀 없이 모든 것이 명확한 가운데 현실을 받아들이고, 우리가 완전한 가정이라고 딸아이가 더 확신하게 되는 것 같고요. 생부모와 연결되면 아이들이 혼란스러울지 모른다는 것은 어른들의 일방적인 생각일 뿐 저는 생모와의 재회로 딸이 더욱 안정감 있게 성장할 수 있었다고 생각해요." - 입양모

"재회는 입양 삼자 모두에게 엄청난 용기를 요구하는 대단한 도전이에요. 늘 궁금하고 그립고 확인하고 싶었던 대상이지만, 막상 원치 않는 진실과 마주할 수도 있다는 두려움이 늘 도사리고 있지요. 그럼에도 두려움을 넘어 재회에 도전한다는 건 나 자신의 인생을 완성하는 데 굉장히 의미 있는 일이라 생각해요." - 입양인

"어린 생명을 지켜 낸 생모, 그렇게 지켜 낸 아이를 애써서 기르는 입양 엄마. 이 둘은 모순 관계입니다. 그러나 서로 창과 방패가 돼 힘을 모은다면 아이를 지켜 내는 데 그보다 강력한 무기는 없다고 생각합니다. 삼자 모임이 확장되어서 입양인들에게 힘이 되었으면 좋겠습니다."

- 입양모

"저는 역설적으로 입양이 없는 세상을 바랍니다. 풍족하지 못했지만 나를 지켜 준 어머니가 있었기에 헤어짐을 경험하지 않고 살아갈 수 있었습니다. 원가정이 보호받는 사회가 가장 바람직한 사회라고 생각합니다. 하지만 세상은 완전하지 않지요. 원가정에서 보호받지 못하는 아이들이 생겨날 수밖에 없고, 그런 아이들이 새로운 가정을 이루고 살아가는 것이 중요합니다. 지금까지는 입양 문제를 입양 부모가 결정하려고 했다면 이제부터는 입양인이 중심이 되어서 입양 문제에 대한 목소리를 내야 한다고 생각합니다."

- 입양부

(출처: 2018 입양 삼자 토크 콘서트 〈리유니온〉 자료집, 건강한 입양가정지원센터 / 2019 입양 삼자 토크 콘서트 〈입양의 여

정> 자료집, 건강한입양가정지원센터 / 2020 입양 삼자 토크 콘서트 <입양이 내게 알려준 것들> 자료집, 건강한입양가정지원센터)

3년간 이어진 입양 삼자 자조 모임은 입양계에 크고 작은 변화를 일으켰다. 토크 콘서트를 통해서 입양 부모와 입양 아동을 묶어 보던 기존 시각에서 벗어나 생부모, 성인 입양인, 입양 부모 이렇게 세 주체가 존재하며 고유한 얼굴과 목소리가 있음을 알렸다. 만 1세 이상 아동을 입양하려는 예비 입양 부모 교육에 생모와 성인 입양인이 직접 사례를 발표하게 되었고, 비밀 입양과 공개 입양으로 자란 20대 이상 성인 입양인을 위한 자조 모임 '국내입양인연대'가 출범했다.

김현경은 《사람, 장소, 환대》(문학과지성사, 2015)라는 책에서 사람이라는 것은 사람으로 인정되어서이며, 물리적으로 사회는 하나의 장소이기 때문에 사람의 개념 또한 장소 의존적이라고 했다. 다시 말해 우리를 사람으로 인정하는 사람들이 있는 공간에서 벗어나면 우리는 더 이상 사람이 아니게 된다. 입양 삼자 자조 모임은 구성원 모두가 서로를 사람으로 인정하는 장소가 되어 주었다. 오랜 시간 보이지 않는 장소에 머물도록 강요받던 생모, 목소리를 낼 수 없던 성인 입양인, 숭고하지 않은 보통의 입양 부모가 공적인 공간에서 사람의 얼굴로 존재할 수 있음을 알려 주었다. 입양 삼자 자조 모임으로 작고 초라한 개인은 새로운 목소리를 내는 '우리'가 될 수 있었다.

너무 우울해하지 말고
새로운 인생 잘 살아라

가을이 깊게 내려앉은 토요일 오후, 입양 청소년 토크 콘서트 <선을 넘는 녀석들>이 유쾌한 웃음과 뭉클한 감동을 전하며 마무리되었다. 온오프라인으로 70여 명이 신청한 이번 토크 콘서트는 입양 청소년의 진솔한 이야기를 듣는 첫 자리라는 점에서 많은 기대를 받았다.

다양한 입양 청소년의 목소리를 가감 없이 담아내고 싶다는 오랜 꿈이 이번 세 명의 패널과 탁월한 사회자를 만나 시원하게 이루어졌다. 특히 이번 토크 콘서트는 큰딸 시아가 여러 사람 앞에서 말하는 것에 대한 두려움을 넘어 보겠다며 스스로 도전한 무대였기에 준비하는 내내 기대와 긴장이 교차했다.

오리엔테이션부터 사전 인터뷰, 대본 수정과 보완, 리허설을 하는 동안 아이들의 목소리를 최대한 있는 그대로 담아내려 애썼다. 매끈하게 완성된 답변이나 교훈적인 이야기를 만들려 하지 않고 지금 아이들 속에 있는 언어와 이야기를 그대로 건져 올리는 데 초점을 맞췄다. 어른들을 기쁘게 하는 말을 끄집어내기보다 어른들이 들어야 하는 속내를 꺼내자고 아이들과 마음으로 약속했다.

"올해 초에 생모 찾기를 시작해서 아빠에게 물어봤어요. '생모를 찾으면 그 생모랑 살아도 될까?' 그랬더니 아빠가 '주중에는 우리 집, 주말에는 생모 집 가서 살아' 이런 식으로 말씀하셨어요. 저는 약간 장난이었는데, 아빠가 진지하게 대답하셔서 살짝 당황했고 서운했어요."

- 고3 입양 청소년

"엄마랑 입양 이야기를 나누다 보면, 가끔은 마음이 슬퍼지고 그랬어요. 그러면서 낳아 주신 분은 어디 있는지, 언제 만날 수 있는지 등등 이런 질문을 엄마한테 많이 했어요. '우리 할아버지 할머니는 우리를 이렇게 사랑으로 돌봐 주시는데, 왜 낳아 준 분의 엄마 아빠는 왜 도와주시지 않았어요?', '만약 길을 가다가 우연히 낳아 준 분을 마주치면 나를 알아볼까요?' 이런 질문들도 제가 어릴 때

했다고 하더라고요."   - 중2 입양 청소년

"생모를 만난다면 그분에게 어떤 재능과 관심사가 있는지 알고 싶어요. 제가 아직 진로를 찾는 중이라 그런지 제가 무엇을 타고났는지, 무엇을 잘하는지 궁금하거든요. 생부모를 만나면 조금 힌트를 얻을 수 있지 않을까요?"   - 고2 입양 청소년

"올해 제 생일에 엄마가 저녁밥 먹으라고 하셔서 식탁에 갔더니 엄마, 아빠, 나 세 명뿐인데 한 자리가 더 차려져 있더라고요. 그래서 '엄마, 이 자리 뭐예요?' 물어봤더니 엄마가 '생모 자리야'라고 말씀하시더라고요. 그 말에 울컥하면서 눈물이 찔끔찔끔… 정말 생모가 확 보고 싶어지더라고요. 정말 엄마한테 감사했고 감동했어요."

      - 고3 입양 청소년

"어려서부터 입양 사실을 아는 편이 좋다고 생각해요. 다 커서 입양 사실을 듣는다면 정말 배신감이 클 거예요. 내가 믿어 왔던 부모님 말을 앞으로는 믿기 어렵다고 느낄 것 같아요."   - 중2 입양 청소년

"후배들아! 입양을 부끄러워하고 숨기거나 안 좋게 생각하지 않았으면 좋겠어. 내가 입양을 부끄러워하고 안 좋게 생각하는 순간 다른 사람들도 내가 입양을 부끄러워하고 안 좋게 생각하고 있다는 걸 단번에 알게 될 거야. 사람들 앞에서 자신감 있게 말하는 사람을 보면 '와! 저 사람은 어떻게 저렇게 자신감이 넘치지?' 하고 생각하게 되는 것처럼 내가 입양을 자신 있게 말하면 '입양이 뭔데 저 아이는 저리도 용감하게 자기가 입양됐다고 말하는 거지?' 하는 의문이 들게 될 거야. 어느 누가 용감하게 말하는 사람을 비난하겠어. 너희도 입양을 부끄러워하지 말고 자신감 있게 말했으면 좋겠어." - 고2 입양 청소년

(출처: 2020 입양 청소년 토크 콘서트 〈선을 넘는 녀석들〉 자료집, 건강한입양가정지원센터)

유창하지 않지만 울림이 있고, 크게 외치지 않아도 힘이 느껴지는 말이었다. 이들이 자신의 이야기를 청중 앞에서 담담히 꺼낼 수 있었던 건 지금의 자신이 있기까지 오랜 시간 곁에서 함께해 준 이들의 사랑과 지지를 기억하기 때문이 아니었을까? 누군가의 성장을 위해서 누군가의 수고가

필요함을 깨달은 녀석들이 미약하나마 같은 길을 가는 후배들에게 그런 존재로 있어 주고 싶다는 바람으로 이 자리에 섰구나 하는 생각이 들었다.

토크 콘서트에 나서기로 한 날부터 무대만 생각하면 울렁증이 인다고 하소연하던 시아가 수많은 사람 앞에서 입양에 대해 이야기하고 뜨거운 격려를 받더니 긴급 수혈을 받은 사람처럼 얼굴에 혈색이 돈다. 다음에는 훨씬 잘할 수 있을 것 같다며 히죽히죽 웃는 시아의 모습이 웃겨 나도 웃었다. 시아가 후배들을 향해 시원하게 내뱉은 마지막 말이 귓가에 맴돈다.

"입양이라 해서 뭐 대단한 거 아니니까 입양된 거 가지고 너무 우울해하지 말고 새로운 인생 잘 살아라!"

아름다운 다섯 인생,
디어 마이 라이프

"부모님은 제가 고민하길 원하셨어요. 고민을 통해 자유로워지길 원하셨죠."

〈세상을 바꾸는 시간, 15분〉(세바시) 영상(1174회 '사랑한다면 불안해하지 않아도 됩니다' 편)에 나온 국내 성인 입양인 최순영 씨의 고백을 듣는데 작은 전율이 일었다. 부모의 말을 앵무새처럼 따라 하며 '입양은 사랑'이라고 전하는 어린아이가 아닌, 충분히 아파하고 고민한 시간에서 우러난 진짜 자신에 대해, 입양과 가족에 대해 또박또박 말하는 성인이 된 그녀의 모습이 강하고 아름답게 느껴졌다. 이토록 강인하고 아름다운 사람으로 꽃피우기 위해 부모님과 순영 씨는 얼마나 긴 시간 진짜의 삶을 살아 냈을까?

입양 삼자 자조 모임에서 뭉친 성인 입양인들이 '국내

입양인연대'라는 단체를 만들었다. 국내입양인연대는 공개 입양과 비공개 입양으로 자란 20~40대 성인 입양인들이 주축이 되어 입양에 대해 고유한 목소리를 내고 입양인을 위한 사후 서비스를 제공하기 위해 만든 비영리단체다. 2019년에는 건강한입양가정지원센터와 함께 국내 성인 입양인 토크 콘서트 <디어 마이 라이프>를 기획하고 진행하기도 했다.

 우리의 입양 자녀들은 어느새 성인이 되었고 자신의 경험을 자신의 언어로 풀어내고 싶어 한다. 공개 입양으로 자랐건 비밀 입양으로 자라다 어느 날 알게 되었건, 입양인으로 사는 삶에 어떤 풍경이 있는지, 어떤 삶의 근육이 필요한지 자신의 목소리로 부모 세대에게 들려주고 싶어 한다. 입양 부모가 하는 말을 따라 하는 게 아니라 입양인 자신의 생각과 목소리로 입양을 이야기해 줄 때 더 많은 이가 '입양의 실제'를 배울 수 있다고 생각한다. 자녀들이 부모 눈치를 보지 않고 입양에 대한 생각과 감정을 선명히 이야기할 수 있도록 격려하고, 부모 세대는 그런 자녀의 이야기를 통해 새롭게 배우는 아름다운 선순환을 이뤄야 하지 않을까? 이번 토크 콘서트는 입양을 장려하고 홍보하면서도 성인이 된 입양인의 목소리에 귀 기울이지 않던 우리 사회에 그들의 존재감을 알림과 동시에 앞으로는 입양의 중심이 입양인으로 옮겨 갈 것이라는 신호탄을 쏘아 올리는 자리였다.

"우리 입양인들은 너무도 쉽게 타인의 시선에 의해 성공과 실패 사례로 표현됩니다. 해외 입양인의 고국에 대한 외침은 너무도 쉽게 '일부 실패한 입양인들의 문제'로 치부되고, 번쩍이는 명패를 달고 고국으로 돌아온 입양인에게는 '성공적인 귀환'이라는 타이틀을 달아 주기도 하지요. 이러한 사회적 시선을 알기에, 어느 순간 우리는 성공한, 행복한 입양인으로 보이고 싶은 욕구에 휩싸이게 됩니다. 사례 발표 같은 곳에서 몇 번 박수를 받고 나면 더더욱 그런 욕구가 올라옵니다."

"사랑하는 입양인 여러분, 자기 자신으로 살아가도록 노력하세요. 자기 자신으로 살기란 입양인에게 무척 어려운 일입니다. 부모의 기대를 만족시키려는 욕구도 비입양인에 비해 높고, 이미 원가족과 분리되는 사건을 겪으면서 자신의 본래 기질로 살아가기도 어려워졌지요. 그러나 한 인격체로서, 한 인간으로서 자기 자신으로 살기 위한 노력을 게을리하지 마시기 바랍니다. 어떤 노력이든 간에, 입양 가족과의 갈등을 초래하는 일이더라도 자기 자신으로 살아가도록 노력하시기 바랍니다."

"생모분들께 말씀드리고 싶어요. 한 인간으로서 우여곡절 많은 인생을 살고 계시지요? 이제 저는 나이가 들어 당신들의 삶을 친구의 삶과 같이 느낍니다. 많은 분이 없던 일처럼 여기며 살아가고 계시지요? 많은 분이 기억하지만, 기억나지 않는 일로 여기며 살아가시겠지요. 이 모든 고통 가운데서도 몇몇 분은 세상에 나와 자신들의 이야기를 하고 계십니다. 더 용기를 내어 주세요. 자신의 삶을 우리에게 들려주세요. 그것이 우리 입양인들에게 힘이 됩니다. 오래전 헤어진 당신들의 아이를 위해 세상에 나와 주세요. 아이를 찾아 주시고, 만나 주세요. 그것이 당신의 아이를 위해 당신이 할 수 있는 사랑입니다."

"주변에서 그러더라고요. 생모분들은 자기 배로 낳은 아이를 떠나보낸 후 평생 후회하며 죄인처럼 힘들게 산다고요. 그리고 또 나중에 그 아이와 만났을 때 그 아이가 힘들게 살아왔거나 힘든 상황이면 더욱더 자책하며 산다고요. 하지만 당신은 그러지 않았으면 좋겠어요. 저는 이제 그 불행을 뒤로하고 비록 혼자지만 주변의 좋은 분들의 도움으로 정말 행복한 삶을 살고 있으니 나중에 만나게 된다면 아무 말 마시고 그냥 안아 주셨으면 좋겠어요. 저도 지금은 당신을 용서했으니 절대 미안하다고 생각 안 하셨으면 좋겠어요."

"아이의 상실을 조금이라도 더 빨리 채워 주기 위해서 신속한 입양 절차가 필요하다는 말은 거두어 주셨으면 좋겠습니다. 입양 부모님이 조급함을 거둔다면 아주 많은 제도가 바뀔 수 있습니다. 이제 우리 입양인의 말을 좀 믿어 주세요. 늦어져도 우리는 정말 괜찮으니 우리에게 충분한 이별의 시간을 허락해 주세요."

"누가 뭐래도 우리는 입양 부모님의 자녀입니다. 아이들에게는 부모님밖에 없습니다. 그 누구도 아이들의 부모가 되어 줄 수는 없습니다. 그 누구도 부모님의 자녀를 돌봐 주고 보호해 줄 수 없습니다. 그것은 온전히 당신들의 몫이고, 아이들은 당신들의 결과입니다. 자신감을 가지세요. 아이들에게 당신의 최선을 다하고 사랑을 쏟아부으셨다면, 당신들을 향한 아이들의 마음에 대해 확신을 품으셨으면 좋겠습니다. 아무리 대단한 생부모가 나타난들 그동안 함께한 세월을 어떻게 메꾸겠으며, 당신이 베푼 그간의 사랑을 어떻게 넘어설 수 있겠습니까? 걱정하지 마세요."

아름다운 기억이든 아픈 상처든 자신의 삶을 담담히 고백하는 입양인의 진솔하고 용기 있는 모습이 객석을 채운 많은 사람의 가슴을 깊이 두드렸다. 청중 모두 '내 자녀가 저 자리에 앉아서 마이크를 잡는다면 저들만큼 자신의 삶을 용기 있고 진솔하게 고백할 수 있을까? 나는 부모로서 그들에게 어떤 기억으로 남아 있을까?' 하고 생각하지 않았을까? 그들의 고백 앞에서 내 아이는 다를 거라며 자신만만할 부모는 그리 많지 않았으리라. 가족이란, 부모란, 자녀란, 늘 모자란 것 같아 미안하면서도 이렇게 마음으로 가닿아야 유효한 관계이니 말이다.

행사를 마치고도 한동안 여운이 가시지 않아 성인 입양인 패널과 건강한입양가정지원센터 스태프, 응원차 오신 선생님들과 여러 이야기를 나누며 그간의 수고로 맺은 열매를 축하하고 격려하는 자리를 가졌다. 자신들의 목소리에 신속히 응답하며 지지해 주는 건강한입양가정지원센터가 고맙다는 말, 토크쇼 내내 공감의 표정으로 경청해 주신 입양 부모님들의 모습이 큰 힘이 되었다는 성인 입양인 패널의 말이 기쁘다. 아름다운 다섯 인생, 그들의 용기와 열정에 힘입어 입양 역사의 새로운 페이지가 또 한 장 넘어간다.

내 삶의 모든 조각과
만나고 싶어요

"서윤이 아홉 살 생일에 아이가 태어난 병원에 함께 다녀왔어요. 서윤이가 태어난 산부인과 앞에서는 "네가 낳아 주신 분 배 속에 있을 때 진료를 받고 태어난 곳이야." 소아과에서는 "네가 태어나서 이틀 후에 B형 간염 예방접종 1차를 맞은 곳이야"라고 말해 주며 함께 병원을 둘러보았어요. 서윤이에게 "여기에 오니 기분이 어때?" 하고 물어보았더니 "좋아, 그냥 좋아!" 하고 말하며 웃던 표정을 지금도 잊을 수가 없어요.

열한 살 때는 서윤이의 생모가 머문 미혼모의 집에 다녀왔는데, 마침 서윤이 생모를 담당하신 수녀님이 계셔서 생모에 대한 이야기도 듣고 생모가 머문 방과 식당, 성당, 서윤이가 태어나서 이틀 정도 함께 지낸 방도 볼 수 있었어요.

생모가 서윤이를 입양 보내기 전 마지막으로 성당에서 드렸다는 기도문을 수녀님이 읽어 주셨는데 기도문 중에 "이 아기를 축복해 주세요"라는 부분에서 기분이 이상했다고 서윤이가 말하더라고요. 키우고 싶었지만 보낼 수밖에 없는 마음이 아프게 느껴지고, 아기를 축복해 달라고 기도한 생모의 마음이 고맙고도 슬펐다고 말하던 서윤이를 꼭 안고 둘이 같이 울었어요. 그날의 경험은 서윤이가 자신의 뿌리를 찾아가는 여정 중 최고의 경험이었어요."

작년 여름 입양 엄마 토크 콘서트 〈입양의 맛〉에서 열두 살 서윤이의 엄마 서은주 님이 들려주신 이야기다. 그날 사회를 맡은 성인 입양인 이소영 씨는 엄마와 함께 자신의 역사를 되짚어가며 생의 조각을 맞춰 가는 서윤이의 이야기가 너무 인상 깊고 부럽다고 했다.

영문도 모른 채 원가족과 분리되어 입양인으로 살아가는 이들에게 잃어버린 인생의 조각을 찾는 일은 삶의 안정과 건강한 정체성 형성을 위해 중요하다. 자기 인생에 무슨 일이 벌어졌고, 당시 상황이 어떠했으며, 어떻게 자신이 포기되어 현재에 이르렀는지 이해하는 과정이 자신을 이해하고 수용하는 힘이 되기 때문이다.

가끔 어린 입양 자녀가 생부모를 만나고 싶어 한다며 만나게 해 줘도 괜찮겠냐며 상담을 신청해 오는 경우가 있다. 아이의 궁금증과 안타까운 마음을 생각하면 최대한 기회를 만들어야 하는 게 아닌가 하는 생각이 들고, 부모가 이야기해 주기 힘든 부분을 직접 물을 수 있다면 아이에게도 좋은 기회가 아닐까 하고 생각할 수도 있다. 하지만 먼저 확인해야 할 사항이 있다. 우리 가정이 그간 입양에 대해 얼마나 개방적으로 대화를 나누며 만남을 준비해 왔는가다. 아이가 지금의 가족 안에 완전히 소속되고 연결되어 있으며 부모와 자유롭게 자기 생각과 감정을 나눠 왔는지가 중요하다. 안정감을 느끼며 생부모를 궁금해하는 것과 그렇지 못해 소속감 없이 살며 생부모를 그리워하는 것은 전혀 다른 문제이기 때문이다.

입양 부모는 아이가 커 갈수록 입양을 잊어버리고 사는 반면, 아이는 자랄수록 자신이 입양된 일에 대해 여러 측면에서 자각과 궁금증을 더해 간다. 어릴 때는 엄마의 답변만으로 궁금증을 해소하지만, 자랄수록 생부모의 존재를 만나 직접 확인하고 싶다는 생각에 이를 수 있다. 어려서부터 아이와 입양과 관련해 개방적으로 대화해 온 가족이라면 생모를 만나고 싶다는 아이의 마음이 어떠한지 파악하기가 그리 어렵지 않다. 입양과 관련한 대화를 꾸준히 하다 보면 아이의 생각이 얼마만큼 자랐는지, 자신과 생모에 대한 감정이 어떠한지, 어떤 부분에서 아직 해결되지 않은 감정이 있는지 알아차릴 수 있기 때문이다. 그럴 때는 서윤이 가족처럼 아이의 역사에서 중요한 시간을 거슬러 여행해 보는 것도 좋은 방법이다. 기관에서 받은 정보와 기록을 바탕으로 아이가 태어난 곳, 관련 장소 등을 들러 새롭게 경험하며 감정을 나누면 아이의 안정과 궁금증을 해소하는 데 큰 도움이 된다.

이 모든 과정을 거치고도 아이가 생모 만나기를 간절히 원한다면 그 마음을 존중해야 하며, 온 가족이 재회에 대한 준비를 해 나가야 한다. 생모에게 재회를 청구하고 답변을 기다리면서 이후에 벌어질 일들에 대해 각자 두려움을 나누고, 만남이 이루어진다면 이후의 삶을 어떻게 이어 가고 싶은지, 그렇게 변화를 맞이한 이후 가족의 모습이 어떻게 달라질지 이야기하면서 새로운 삶으로의 확장을 준비하는 시간이 필요하다.

뿌리 찾기는 입양 삼자 모두에게 두려움을 준다. 아이는 만나고자 하는 자신의 바람이 생모에게 다시 거절당할지도 모른다는 두려움, 입양 부모는 사랑하는 자녀의 마음을 생모에게 빼앗길지 모른다는 두려움, 생모는 아이가 자신을 비난할지 모른다는 두려움을 느낀다. 어렵게 만나더라도 적게는 십수 년, 많게는 수십 년 헤어졌던 이들이 만나 서로의 안부를 묻고, 확인하고 싶었던 질문을 건네고, 이후 어떻게 관계를 정리할지에 대해 이야기하는 자리는 입양 삼자 누구에게도 쉬운 선택이 아니다. 단 한 번의 만남이라도 초조함과 불안함, 원망과 기대감, 연민과 분노 등 어마어마한 감정의 폭풍우를 통과하는 시간이 될 수 있기에 현재 가족 관계가 안정적이지 않다면 조금 뒤로 미룰 필요가 있다.

불확실한 미래에 도전하는 순간일수록 무엇보다 먼저 내가 발 디디고 있는 현실에서 안정감을 느껴야 한다. 현재 나의 입양 가족, 나의 배우자, 나의 자녀들, 지금의 내가 '나'일 수 있도록 사랑해 준 사람들의 지지와 격려는 예상치 못한 터널을 통과할 때 큰 힘이 된다. 뿌리 찾기는 입양인에게 생의 시작과 잃어버린 조각을 찾는 일이기도 하지만 지금 내가 어디에 뿌리를 내리고 있나 확인하는 작업이기도 하다. 잃어버린 조각에도 불구하고 우리 삶의 대부분은 현재에 뿌리내리고 있기 때문이다.

당신의 재회를
돕습니다

호주에 있는 친구한테서 전화가 왔다. 자신이 있는 교회 공동체에 입양인 청년이 새로 들어왔는데 그가 자신의 뿌리 찾기를 간절히 바라고 있다며 한국의 어떤 기관을 통해 어떻게 정보를 얻을 수 있는지 알고 싶다고 했다. 친구의 교회 공동체를 통해 처음으로 자신과 닮은 얼굴이 가득한 공간에서 한국 음식으로 꽉 찬 생일상을 접하고, 한국에 가게 되면 도움을 받을 입양 관련 지인이 있다는 소식까지 전해 들은 이 청년에게 오늘은 어떤 날로 새겨질까? 생일과 모국어, 닮은 얼굴들 속에서 뿌리 찾기에 대한 생각이 선명해져 행복할까? 아니면 오랜 시간 억누른 그리움이 현실 속 작은 희망과 뒤엉켜 서서히 두려움으로 변하진 않을까? 전화를 끊은 뒤에도 오랜 정성으로 한국 생일상을 차렸을 친구와 입양인 청년 생각에 마음이 호주에 머물렀다.

내가 만난 입양인들의 고백을 빌리자면, 뿌리 찾기는 '엄마'를 찾아 나서는 게 아니라 아직 만나지 못한 나의 일부, 나 자신의 조각을 찾는 것이라고 한다. 또 다른 엄마가 필요해서 그러는 게 아니라 진실이 궁금하고 잃어버린 시간을 찾고 싶어서 용기를 내는 것이라고 한다. 실제로 몇몇 입양인은 생모와 재회해도 그를 안아 주기는 힘들 거라고 했다. 진심으로 안아 주려면 오랜 시간 만남이 이어진 뒤에야 가능할 것 같다고 말이다.

용기 내어 찾아 나선 모든 입양인에게 원하는 만큼의 정보와 생모를 만날 기회가 허락되는 것은 아니지만, 이 과정은 성공 여부를 떠나 그 자체로 입양인에게 의미 있는 여정이 된다. 아무도 알려 주지 않던 자신의 역사, 그 상실을 채워 온 비현실적 환상과 싸우느라 불필요한 에너지를 써야 했던 입양인에게 자신이 어디에서 왔는지, 누구를 닮았는지, 왜 포기되어 입양될 수밖에 없었는지 등 뿌리 찾기 과정에서 확인되는 '사실'은 그 자체로 큰 위안이 된다. 입양에 대한 선택권은 없었지만 생물학적 가족을 찾고 자신의 역사를 찾겠다는 선택권을 쥠으로써 자신이 기대한 것보다 훨씬 큰 무언가를 얻는다. 자신의 인생을 압도하던 입양이라는 거대한 이슈, 그 앞에서 자신을 누르던 무력감을 걷어

내고 선명한 실체를 만난다는 사실만으로도 의미 있는 마침표와 새로운 시작점이 되기 때문이다.

현재 우리나라에서는 '입양 정보 공개 청구'라는 제도를 통해 입양인이 자신의 정보에 접근할 수 있다. 입양 정보 공개 청구는 입양인이 아동권리보장원이나 입양 기관에 요청해 자신의 입양과 관련된 정보를 제공받는 제도로, 미성년자는 입양 부모의 동의하에 청구가 가능하다. 제공되는 정보는 크게 입양인의 정보와 생부모의 정보인데, 이 중 생부모 정보는 생부모의 동의하에 입양인에게 제공되고 재회 역시 생부모의 동의가 있어야 가능하다.

만남이 성사될 가능성이 크지 않지만 입양인과 생부모의 재회(혹은 입양 삼자의 만남)를 섬세하게 도울 전문가가 현재로는 거의 없는 실정이다. 현실 속 재회는 텔레비전에서처럼 입양인과 생부모가 서로 얼싸안고 눈물 흘린다고 그간의 아픔이 다 녹아내리지 않는다. 재회를 약속한 후 아무래도 어렵겠다며 약속을 번복하기도 하고, 어색한 몇 마디가 오간 뒤 침묵만 흐르기도 한다. 속마음을 열지 못해 정말 듣고 싶은 이야기를 묻지도 듣지도 못한 채 답답함과 서운함을 안고 돌아오기도 한다. 해외 입양인과 생부모의 재회는 언어의 장벽까지 있어 깊이 있는 소통을 하기가 훨씬 어렵다. 이때는 언어를 통역하는 것을 넘어 입양인과 생부모의 심리, 입양 이슈를 이해하는 전문가가 양측의 언어 속 바람을 해석해 주는 작업이 필요하다. 아프고 상한 마음과 깊은 두려움 뒤에 숨어 있는 당사자의 마음을 섬세히 끌어내어 서로에게 가닿게 될 때 수십 년 멈춰 있던 시간의 끄트머리가 다시 이어지는 것이다. 바로 그때 진짜 재회(reunion)가 시작된다.

공개 입양이 시작된 지 20년이 흘렀다. 지금까지는 30~40년 전 해외로 입양 간 입양인들이 국내로 돌아와 뿌리 찾기를 시도하는 경우가 대부분이었지만, 앞으로는 어려서부터 자신의 입양 사실을 알고 자란 국내 입양 청소년과 20대가 입양 정보 공개 청구를 진행하고 생부모와의 재회를 신청하는 사례가 이전과 비교할 수 없이 많아질 것이다.

이 모든 과정을 진행하기에 앞서 가정 안에서 얼마나 개방적이고 깊이 있는 입양 이야기가 이루어졌는지, 뿌리 찾기와 재회를 통해 가족 모두가 기대하는 바는 무엇인지, 재회가 이루어지지 못할 경우를 어떻게 준비하고 있는지, 재회가 이루어진다면 이후의 삶이 어떻게 변화하길 바라는지 등을 함께 논의하고 안내해 줄 전문가가 필요하다. 또 행정 절차부터 결과의 전달까지 어떻게 하면 입양 삼자의 마음에 공감하면서 충격을 완화하며 진행할 것인지에 대한 관련 기관과 실무자의 겸허한 고민이 필요하다.

입양 정보 공개 청구를 위한 행정 기관과 별도로 입양 삼자의 재회를 지원하는 기관이 따로 있다면 좋겠다. 따뜻하고 아늑한 공간에서 맘껏 울어도 되고, 누구의 눈치도 보지 않고 긴 이야기를 나눌 수 있으며, 함께하고 싶은 여러 활동도 가능한 공간과 프로그램을 제공해 준다면 입양 삼자 모두에게 든든한 울타리가 될 것이다.

더불어 재회를 기다리는 입양 삼자와 이미 경험한 입양 삼자가 경험을 나누고 서로 격려하며, 어떻게 하면 재회 이후의 삶이 서로를 더욱 풍요롭게 할 수 있는지 나누는 교육도 필요하다. 재회 과정을 돕는 실무자 교육, 입양 전문 통역사들을 위한 교육, 재회 이후의 어려움을 해결하기 위한 자조 모임 등 입양 삼자와 전문가가 함께 운영하는 '입양 공공그라운드'(가칭)가 있다면 참 좋겠다.

4장

모두의
입양

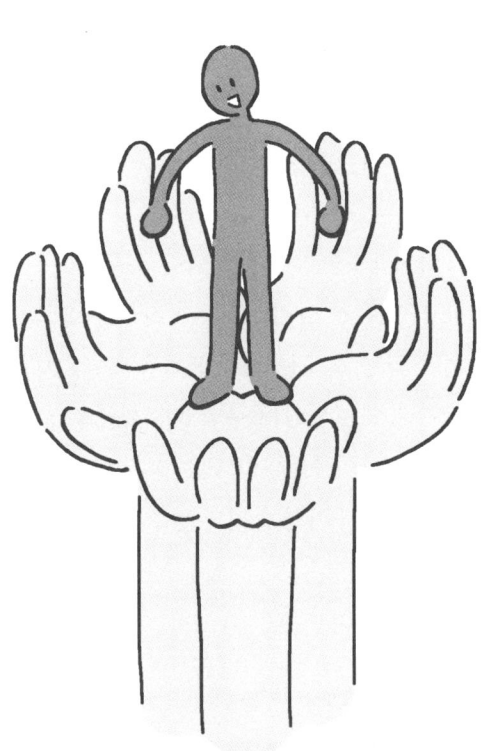

양육과 입양의
갈림길에서

"저… 입양을 하려는 게 아니고, 입양을 보내려는데요."

이런 말을 여기에 꺼내도 되는 걸까 싶어 작고 떨리는 목소리였다. 우리 기관명에 들어간 '입양' 글자만 보고 아이를 입양 보내는 데 도움을 주는 곳인가 하여 전화한 어린 엄마였다.

아이를 4년째 키우고 있는 스물다섯 살 엄마는 남편이 얼마 전 이혼을 선언했다면서 자신은 홀로 아이를 키울 수 없으니 입양 보내는 것을 도와줄 수 있느냐고 물었다. 아, 이 어린 엄마는 입양이 무엇인지 제대로 알고 말하는 걸까? 입양으로 아이를 떠나보내는 게 어떤 의미인지, 입양인으로 성장하는 게 어떤 삶인지 알고 이런 문의를 하는 걸까?

"힘든 와중에 4년이나 아이를 키우셨네요. 이런 전화를 하기까지 많이 힘드셨지요? 아이를 입양 보내고 싶다는 건 엄마의 생각이에요, 아이 아빠의 생각이에요?"

"남편은 아예 아이에게 관심이 없고요, 제가 혼자 아이를 못 키우니 입양 보내는 편이 낫겠다고 생각해서요."

"네, 아이가 행복하게 살길 바라서 여러 고민 끝에 입양을 생각하신 거로군요."

"보육 시설에서 사는 것보다는 좋은 양부모님 만나서 행복하게 잘 자라는 편이 나을 것 같아요."

좋은 양부모님, 행복하게, 잘 자라는 것. 어느 것 하나 쉽지 않은 단어들이다. 입양이 이 모든 문제의 해결책이 되리라는 환상을 어린 엄마의 말 속에서 감지했다.

"아이에게는 지금의 엄마가 온 세상이고 우주인데, 엄마와 헤어진 아이의 마음은 어떨까요?"

조심스럽지만 분명한 어조로 물었다. 당신이 아이의 엄마인데 그 자리를 왜 쉽게 포기하려 하느냐는 말이 목구멍까지 차 올랐지만 그녀의 어깨를 짓누르는 거대한 현실을 알기에 말을 아꼈다.

"제가요, 사실 데리고 있으면서 잘해 주지도 못하고 가끔 화내고 때리기도 했어요. 저 같은 엄마하고 사는 것보다 좋은 부모님 밑에서 사랑받으며 자라는 게 나을 것 같아서요."

말하는 사이 눈물이 터져 버렸다. 가족의 도움 없이 어린 나이에 아이를 낳아 기르며 직장을 다니다 보니 저녁에 집에 돌아와도 아이에게 좋은 것을 주는 날보다 화풀이하고 아프게 할 때가 잦았다고 한다. 아이에 대한 책임감이 전혀 없는 남편이니 육아를 함께 했을 리 만무하고, 삶에 지친 어린 엄마는 무슨 힘으로 아이를 돌봤을까? 보지 않아도 집안 풍경이 어떨지 충분히 그려졌다. 입양은 최후의 선택지니 아이와 엄마가 잘 살 수 있는 방법을 함께 알아보자고 했지만(연결해 주고 싶은 미혼모 지원 단체가 많다) 어린 엄마는 고해성사하듯 자신이 얼마나 모자란 엄마인지 고백하며 아이는 더 좋은 양부모 밑에서 자라야 한다는 말만 되풀이했다.

"아이가 네 살이라고 했죠? 그동안 엄마한테 학대당한 경험도 있다고 했고요. 솔직히 말할게요. 이 아이는 입양되기 힘든 조건이에요. 네 살 때까지 생부모와 함께 살던 아이가 느끼는 상실감과 충격은 보육 시설에서 단체 생활 하다가 입양되는 아이들이 느끼는 것과는 달라요. 아이가 기억하는 엄마와 아빠의 상이 너무도 분명하기에 새로운 부모를 받아들이는 시간이 훨씬 길고 고통스러울 거예요. 그리고 생부모와 살며 학대당한 네 살짜리를 입양하겠다는 사람도 잘 없어요. 혹시 입양된다 해도 아이가 보이는 두려움과 분노를 잘 받아 주며 치유되도록 품어 줄 가족을 만날 확률도 높지 않고요. 아이가 현실적으로 지금보다 더 행복해질 확률은 낮아요. 어쩌면 입양이 안 되고 시설에 줄곧 남아 있다가 열여덟 살이 되어 혼자 세상으로 나가게 되는 게 최종 시나리오일 수도 있어요. 엄마의 바람과 달리 좋은 입양 부모를 만나 살 기회를 갖지 못하는 거죠."

내 이야기를 듣던 엄마의 눈물이 잠시 멈췄다. 자신이 꿈꾸던 해결책인 입양이 현실과 동떨어진 기대라는 사실에 놀란 듯했다.

"그리고 엄마는 어떻게 살아갈 것 같으세요? 엄마의 일부였던 아이를 떠나보내고 아이가 어디서 어떻게 자라고 있는

지도 모르는데 삶에 집중하며 잘 살 수 있을 것 같아요? 입양을 보낸 엄마들이 그렇지 않다고 이야기해요. 아이만 떠나보내면 문제가 해결될 줄 알았는데 그렇지 않고 슬픔과 죄책감, 괴로움이 계속 삶을 집어삼켰다고요. 아이를 보내는 게 해결책은 아니에요. 아이와 함께 살면서 어려움을 해결하는 방법을 같이 찾아봐요."

엄마가 엉엉 울기 시작했다. 이러지도 저러지도 못하는 상황이 얼마나 괴로울까? 낯모르는 이에게 자신의 못난 모습을 털어놓는 것도, 해결책이라 생각한 입양조차 기회가 없을지도 모른다는 말을 듣는 것도 감당하기 쉽지 않았을 테다.

한참 울던 엄마가 차분한 목소리로 다시 생각해 보겠다고, 좀 더 고민해 보고 도움이 필요하면 다시 연락하겠다고 한다. 달려가 손이라도 잡고 맘껏 울 수 있도록 품을 내어 주고 싶었지만 알았다고 했다. 도움이 필요할 때 꼭 전화하라고 당부하고 끊었다.

우리 아이들의 생모도 누군가와 이런 대화를 했을 텐데 그때 전화 받은 이는 무어라 이야기해 주었을까? 양육과 입양의 갈림길에 서 있는 이의 마음을 어루만져 주고, 균형 잡힌 정보를 전달하며 숙고할 수 있도록 지지해 주는 상담자가 필요하다. 어떤 결정을 하든 엄마와 아이에게 도움이 될 수 있도록 돕는 지혜로운 어른이 필요하다.

원가족은 아동의
첫 번째 권리

입양 아동 학대 사건이 일어날 때마다 입양 가족 커뮤니티에 올라오는 우려의 글들이 있다. 아이에게 벌어진 일은 마음 아프지만 이번 사건으로 입양 절차가 더 까다로워지고 입양이 위축될까 걱정된다는 이야기다. 입양 아동 학대 사망 사건을 다루는 여러 매체 역시 〈"혹시라도 다치면 오해 살까 봐"… 더 움츠린 입양 기회〉(채널A, 2021. 01. 08), 〈입양 가정 "편견 생길까 위축"… 정인이 사건, 본질은 아동 학대〉(이데일리, 2021. 01. 11), 〈부정적 인식에 입양 문화 위축될까 우려〉(데일리굿뉴스, 2021. 05. 12) 같은 기사를 무수히 쏟아냈다. 입양과 관련한 나쁜 뉴스는 정말 입양을 위축시킬까? 입양이 위축되면 어떤 일이 생기기에 이렇게 많은 이가 큰일 나는 것처럼 염려하고 안타까워하는 걸까?

우리나라는 오랫동안 입양을 홍보하고 활성화하는 데 주

력해 왔다. 국가 입장에서는 아동 복지 체계를 전면적으로 구축하기 위해 엄청난 시간과 노력을 들이는 것보다 민간 기관과 개인의 노력에 기대어 요보호 아동의 인생을 극적으로 바꾸는 입양이 보다 쉽고 간단했으리라. 그래서 입양은 오랜 시간 아동 복지 체계에서 떨어져 나와 '섬'처럼 고립되어 있었다.

쏟아지는 요보호 아동의 문제를 해결하기 위해 입양 절차를 간소화하도록 법을 바꾼 결과 지난 수십 년간 많은 아동이 생부모로부터 쉽고 신속히 분리되어 새로운 가족을 만나게 되었다. 이들은 중요한 기록조차 보존되지 못한 채 낯선 곳으로 옮겨졌고 그중 몇몇은 입양 홍보의 주인공이 되어 사생활이 전 국민에게 공개되기도 했다. 열심히 입양을 홍보해서 한 아이라도 더 입양되도록 하는 것이 지상 과제였던 시절, 그렇게 모두가 바라 마지않는 '보육 시설 아동이 한 명도 남지 않는 순간'을 맞이하기를 입양 가족과 국민이 고대한 듯했다.

입양이 활성화되면 정말 보육 시설에 요보호 아동이 하나도 안 남게 될까? 전혀 그렇지 않다. 입양과 시설 보호는 전혀 다른 체계이기 때문이다. 입양은 보호가 필요한 아동에게 영구적인 가족을 만들어 주는 아동 보호 서비스고, 시설 보호는 양육이 여의치 않은 가정을 위해 일시적으로 아동을 보호하는 대리 보호 서비스다(정익중·오정수, 《아동복지론》, 학지사, 2021). 그러므로 아무리 입양을 활성화한다 해도 원가정과 끈이 연결되어 있는 시설 아동을 입양 대상으로 만들 수는 없다. (베이비 박스처럼 유기되어 들어온 아이를 제외한) 시설 아동의 대부분은 원가정으로 다시 돌아갈 날을 꿈꾸는, 어떤 지원과 노력을 해서라도 다시 세워야 할 원가정에 속한 아이들이다. 이 아이들에게 필요한 것은 본래의 가족이 다시 건강하게 세워지도록 돕는 다양한 가족 보존 서비스지, 아이를 시설에 내맡긴 매정한 부모이니 친권을 박탈하라는 손가락질이나 시설 아동이 한 명도 남지 않을 때까지 입양을 활성화하자는 구호가 아니다.

2019년 해외로 입양된 아동의 100퍼센트가 미혼모의 아이라는 기사를 보았다(베이비뉴스, 2020. 09. 11). 올해 초 한 예능 프로그램에 비혼 출산을 한 여성과 아이가 출연하는 것을 두고 정상 가족이 아니라며 반대한 청와대 국민청원을 마주했을 때처럼 우리 사회가 미혼 여성이 낳은 아이를 얼마나 쉽게 원가정에서 분리해 왔는지 선명히 보여 주는 입양 통계에 가슴이 서늘했다.

입양을 홍보하는 인터뷰에서 "모든 아동은 가정에서 자

랄 권리가 있다"라는 문구를 자주 접한다. 여기서 말하는 '가정'의 범위는 어디까지인가? 우리가 생각하는 정상 가족, 혹은 시설에 있는 아이에게 새 출발을 건네는 입양 가정만을 말하는 것은 아닐까? 혼인 관계에서 태어나지 않았다고, 양육 능력이 부족한 엄마를 두었다고, 나이가 어린 부모는 자격이 없다고, 가난하고 못 배운 부모 밑에서 자라는 아이는 불행하다며 아이를 분리했던 그 '최초의 가정'도 저 안에 포함되는 걸까?

2021년 6월 30일부터 입양 보내는 생모의 첫 상담 기관은 민간 입양 기관에서 각 지자체의 아동보호전담요원으로 바뀌었다. 아동의 운명이 민간 기관에 의해 좌지우지되지 않도록 아동 복지 체계 전체를 이해하고 아동의 최우선 이익을 위한 상담을 제공하는 공적 기관이 그 역할을 맡은 것이다. 미혼모가 과연 공무원을 찾아가 상담하겠느냐, 유기되는 아동이 더 늘어나지 않겠느냐는 우려와 달리 지난 80여 일간(2021년 6월 말~9월 26일) 이뤄진 141건의 입양 상담 중 33건이 원가정에서 양육하기로 결정했고, 19건은 일시 보호 기관에서 보호하다 스스로 양육하기로 했으며, 입양보내기로 한 결정은 21.3퍼센트인 30건에 그쳤다(내일신문, 2021. 10. 07). 또 유기가 늘어날 것이라던 걱정과 달리 베이비 박스 아동은 전년 같은 달에 비해 적거나 유사한 현황이다(2019년 9월 13건, 2020년 9월 7건, 2021년 9월 8건).

각 지자체의 아동보호전담요원이 위기 임신 여성 상담을 시작하며 아동 보호 창구를 일원화했다. 아동의 운명이 어느 기관을 찾아가느냐에 따라 달라지지 않고, 아동 이익 최우선 원칙에 따라 상담받고 보호받을 수 있는 안전장치가 마련된 것이다. 정부는 한정된 인원으로 격무에 시달리는 아동보호전담요원의 배치를 늘리고, 지속적인 교육과 훈련으로 이들이 아동 보호의 최전선에서 전문성을 발휘하고 보람을 느끼고 일할 수 있도록 지원해야 한다.

우리 사회는 이제껏 아동을 더 나은 곳으로 '이동'하는데 국한된 형태의 아동 복지를 해 왔다. 더 나은 환경, 더 나은 부모, 더 나은 기회를 주면 아동이 행복해질 거라는 얕은 믿음이 사회에 깔려 있었다. 스스로를 지킬 수 없는 아동은 홀로 행복할 수 없다. 아동이 속해 있는 가정이 견고해야 아이도 그 안에서 행복할 수 있다. 아동을 지키기 위해서는 아동의 뿌리인 가정이 무너지지 않도록 지원하는 일을 우선해야 한다. 어떤 가정도 아이가 탄생하는 순간 저절로 완성되지 않으며, 어떤 부모도 출산했다고 단번에 양육 능력이 생기지 않는다. 아이를 키우며 부모도 성장한다. 수많은 장애물을 넘으며 가족의 힘을 키워 가야 하기에 그들 곁에 따뜻한 관찰자와 든든한 공동체가 필요하다. 한 번의 실수로 가정이 무너지지 않도록 돕는 안전망이 필요하다.

입양 아동의 생애 상자
'소중한 너에게'

"나도 엄마 배 속에 있는 사진을 갖고 싶다고!"

생후 6개월에 입양된 아홉 살 기훈이(가명)는 자신의 탄생과 성장의 순간을 기록해 오라는 학교 숙제를 위해 세 살 많은 누나의 성장 앨범에서 초음파 사진을 몰래 꺼냈다. 누나의 생애 상자에는 엄마 배 속에서 찍힌 여러 장의 초음파 사진, 태어나자마자 엄마 품에서 찍힌 사진, 배꼽에서 떨어진 탯줄, 아기 때 입었던 배냇저고리 등이 잘 보관되어 있었다. 생후 6개월 이전의 사진이 없는 기훈이는 누나의 사진과 물품을 한참 바라보다 서러움에 눈물을 터뜨렸다.

"왜 나만 없냐고! 나도 엄마 배 속에 있던 사진을 갖고 싶다고! 엉엉!"

누나의 기록이 부러워 몰래 꺼내 든 기훈이의 마음이 느껴져 엄마는 기훈이를 꼭 끌어안고 한참을 달래 주었다.

또 다른 입양 가족이 있다. 열두 살 연수와 다섯 살 현수는 입양으로 만난 남매다. 연수는 어린 시절부터 자신의 입양 사실을 전해 들으며 자랐고, 동생 현수가 입양되는 과정을 보며 성장했다. 현수가 다섯 살이 되던 생일날, 엄마는 서랍 깊숙이 두었던 앨범 속 갓난쟁이 사진을 여러 장 꺼냈다. 엄마는 현수가 아기 때 사진이라며 현수에게 처음 보는 사진들을 설명해 주었는데, 같이 사진을 넘겨 보던 연수의 눈에 아기 현수의 손 위에 포개진 어른의 손이 들어왔다.

"엄마, 이 손은 누구 손이에요?"

궁금한 연수가 엄마에게 물었다. 잠시 침묵하던 엄마는 그 손이 현수 생모의 손이라고 말해 주었다. 사진 옆에 붙어 있는 포스트잇의 글씨도 현수 생모의 글씨라고 설명해 주었다. 잠시 멍한 표정이던 연수는 이내 얼굴이 벌게지더니 고개를 옆으로 돌렸다. 그래도 뺨을 타고 또르르 흐르는 눈물방울은 감출 수 없었다. 그런 딸이 안쓰러워 엄마는 연수를 꼭 안아 주며 괜찮냐고 물었다. 연수가 눈물을 훔치며 말했다.

"저도 현수처럼 낳아 준 엄마가 직접 남겨 준 것이 있으면 좋겠어요. 왜 나는 아무것도 없는 걸까요?"

공개 입양으로 자라는 많은 입양 아동이 누구에게서 태어났는지, 왜 입양되어야 했는지, 생부모가 어떤 마음으로 자신을 입양 보냈는지, 언제쯤 재회할 수 있는지 알고 싶어 한다. 입양은 아동의 과거를 깨끗이 지워 새로운 가정으로 옮기는 일이 아니라 아동의 모든 역사를 잘 보존하여 새로운 삶 속에서 통합하며 성장하도록 돕는 일이다. 그러나 이제껏 입양 문화는 입양 아동의 '새 출발'을 위해 과거를 묻어 두는 편이 좋다는 인식이 지배적이었기에 생부모로부터 받은 물품이나 기록물을 입양 가정으로 전달하기가 쉽지 않았다. 생모가 아기를 위해 준비한 옷이며 물품은 입양 기관 선에서 거절되는 사례가 많았고, 이런 과정을 알 리 없는 많은 입양인이 A4 용지 한 장에 적힌 몇 줄의 짧은 내력, 아기 수첩에 표기된 예방 접종 기록을 생애 기록 전부로 알고 살아간다. 간혹 생부모로부터 몇 가지 물품이나 편지를 받는 아동도 있지만 매우 드문 사례이며, 베이비 박스에 맡겨진 아이들처럼 자신에 대한 아무런 기록과 정보를 갖지 못한 채 자라나는 아이가 여전히 많다.

우리 세 아이는 자신의 입양과 관련한 중요 기록과 물품을 보관하는 각자의 생애 상자를 가지고 있다. 모두 같은 크기의 상자이지만 그 안에 들어 있는 물품은 종류와 양에서 꽤 차이가 난다. 생모가 건넨 물품과 기록이 많은 막내는 늘 형과 누나의 부러움을 산다. 부러운 시선을 보내는 두 녀석을 바라보는 내 마음은 또 아프다.

모든 입양 아동의 역사를 잘 보존하여 새로운 가정으로 옮겨 주는 방법은 없는 걸까? 입양을 진행하는 현장에서 생부모가 떠나보낼 아동을 위해 중요한 기록을 자필로 남기도록 독려하고, 아이의 정체성에 영향을 미칠 소중한 물건을 잘 담아 건네는 일은 정말 불가능한 걸까? 어려운 일이어서가 아니라 필요하지 않다고 느꼈던 것은 아닐까? 이제라도 아동 중심의 입양으로 우리의 관점을 바꾸고, 무엇보다 중요한 아동의 역사를 유실하지 않도록 잘 보존하는 방법을 마련해야 하지 않을까?

오랜 고민과 여러 논의, 거듭된 시도 끝에 내가 대표로 있는 건강한입양가정지원센터는 2019년 봄, 입양 아동의 생애 상자 '소중한 너에게' 첫 샘플을 만들었다. 제작비 마련을 위한 와디즈 펀딩이 순조롭게 진행되어 그해 17세트를 제작해 현장에 배포할 수 있었고, 이듬해에는 아동권리보장원의 지원으로 100세트를 제작해 입양 기관과 중앙난임·우울증상담센터(미혼모 단체와 연계되어 진료한다)에 배포했다. 2021년에도 100세트를 제작해 생부모가 아이를 입양 보낼 때 아동의 소중한 기록과 정보, 물품 등을 잘 보존해 전달할 수 있도록 현장과 연계하여 배포하고 있다.

입양 아동 생애 상자 '소중한 너에게' 구성품

- 소중한 너에게 상자: 생부모가 남긴 배냇저고리, 초음파 사진, 탯줄, 함께 찍은 사진, 친필이 담긴 카드나 편지, 그 밖에 무엇이든 담을 수 있도록 만든 상자. 생부모가 직접 아이의 이니셜을 새기거나 꾸밀 수 있다.
- 메시지 카드: 아이의 태명, 생부모의 어린 시절 이야기, 아이에게 바라는 점, 입양 부모에게 남기고 싶은 말 등 입양인이 가장 궁금해하는 부분을 생부모가 직접 작성할 수 있는 엽서 4장 세트.
- 출생 월 캘린더: 아동이 태어난 달 달력에 생부모가 직접 생일을 표시하고 주요 일정과 감정을 간단히 기록할

수 있는 카드.

- 입양 삼자 팔찌: 생부모를 상징하는 녹색, 입양인을 상징하는 빨간색, 입양 부모를 상징하는 보라색의 세 가지 색실이 어우러진 매듭 팔찌. 생부모와 입양인, 입양 부모가 나눠 가질 수 있도록 세 개가 들어 있으며 "우리의 삶은 연결되어 있습니다"라고 새겨진 틴케이스에 들어 있다.
- 생부모를 위한 꽃 자수 주머니: 생부모가 아동을 입양 보낼 때 평생 간직하고 싶은 작은 물품이나 기록물을 따로 넣어 보관할 수 있는 주머니.
- 스티커 팩과 가이드북: 소중한 너에게 상자를 예쁘게 꾸밀 수 있는 다양한 스티커 묶음과 실무자를 위한 '소중한 너에게' 활용 가이드북.

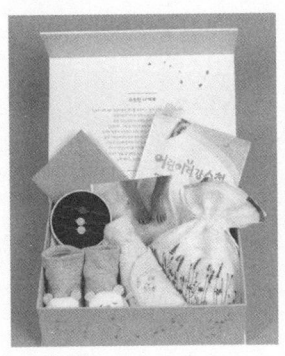

위 기본 구성품 외에 생부모가 남기고 싶은 손수건, 도장 등의 물품이나 아기와 함께 찍은 신체 사진(손잡은 사진, 품에 안은 사진) 등 어떤 것이든 함께 넣어 전달할 수 있다.

아동 중심
입양의 시작

지금까지 입양을 결정한 생부모가 아동에게 물품과 기록을 남겨 전달하기란 매우 어려웠다. 아마도 가장 큰 이유는 아이를 떠나보내는 생부모에게는 더 이상 권리가 없으니 아무것도 남기지 말고 조용히 사라질 것을 사회가 요구했기 때문이 아닐까? 아울러 입양 아동이 자신의 역사를 아는 것이 건강한 정체성을 형성하는 데 얼마나 중요한지에 관한 인식이 입양 현장에 부족하다 보니 그 과정을 어떻게 도울 수 있는지 구체적인 아이디어와 적절한 도구를 마련하지 못한 이유도 있을 것이다. 우리 단체에서 '소중한 너에게'를 제작한 뒤로 관련 기관 실무자와 전문가, 입양 부모와 입양인, 그리고 생모로부터 격려 문자를 받았다.

자신의 입양 자녀에게 기록과 정보가 없어 너무 마음이 아팠는데 이런 일을 시작해 주어 고맙다는 메시지, 입양인을 위한 일을 실천해 주어 고맙다는 메시지, 생부모와 입양인을 이어 주는 다리가 되길 바란다는 미혼모 시설 관계자의 메시지, 좋은 일을 시작해 주어 고맙다는 생모의 메시지, '소중한 너에게' 프로젝트 소개 글을 읽으며 많이 울었다며 의미 있는 시작에 박수를 보낸다는 비입양 가정의 메시지, 단순 모금과 제작으로 끝나지 않고 진짜 변화를 일으키는 운동이 될 수 있도록 장기적 목표를 세우라며 격려해 준 선배 입양 가정의 메시지, 이 일을 확산하는 데 힘을 보태겠다며 홍보 방법에 대해 아이디어를 준 입양 관계자의 메시지까지, 많은 분의 진심 어린 응원과 격려를 들으면서 이 프로젝트가 입양 생태계를 지켜 온 분들의 오랜 바람이 녹아든 결실임을 다시 한번 되새겼다.

모든 입양 아동은 자신의 역사와 관련한 기록과 물품을 가질 권리가 있다. 이제는 미혼모 시설에서 입양을 준비하는 생모, 누구의 도움도 받지 못한 채 입양을 홀로 결정한 생모, 아무런 준비 없이 입양 기관을 방문한 생모 등 누구나 동일한 상담과 진행 과정을 통해 아이에게 전달할 물품과 기록을 남기도록 돕는 가이드와 도구를 제공받아야 한다. 입양 아동의 생애 상자 '소중한 너에게'가 입양인 자신이 생부모에게 어떤 존재였는지를 확인하고, 중요한 역사의 조각을 잘 보관하도록 돕는 귀한 도구로 쓰이리라 믿는다. 이 프로젝트를 제도화할 수 있도록 '성공'시켜 달라던 분들의 부탁을 잊지 않겠다.

보호종료 아동의
이모, 삼촌이 되어 주세요

주변을 둘러보면 보육원에서 자라는 아이들을 후원하며 가정 체험을 제공하고 싶어 하는 분이 꽤 있다. 그중에는 가까운 보육원에 찾아가 한 아이를 후원하며 친밀한 관계를 맺고자 결연을 시도해 본 분들도 있는데, 결연이 생각처럼 쉽지 않거나 결연된다 해도 그 관계를 오랜 시간 지속하기는 어려워 보인다. 보육 시설 아동의 후원자가 되겠다고 마음먹은 분들은 아동과 만나 즐거운 시간을 보내고 좋은 것을 경험하게 해 주려는 계획으로 기대에 부풀지만, 친밀한 관계로 접어들기 위해서는 기관과 후원자, 아동 간의 깊은 신뢰를 바탕으로 상당한 시간이 쌓여야 한다.

  11년 전 보호종료 아동의 현실에 관심이 생겨 보육 시설 아동과의 결연을 꿈꾸며 시설을 찾은 적이 있다. 내 딸도 보육 시설에서 6년을 자란 터라 보육 시설에 사는 아이들에 대한 남다른 마음이 있었달까? 딸아이 손을 잡고 보육원을 나서던 그때 '얘들아, 아줌마가 너희를 다 입양할 수 없어 미안해. 대신 너희에 대해 세상에 알리도록 노력해 볼게. 너희에게 꼭 필요한 게 무엇인지 관심을 놓지 않을게'라고 다짐했다.

마음의 빚을 갚고 싶어 찾아간 초·중·고등학생이 머무는 보육 시설은 나의 솔직한 동기를 듣고도 자원봉사와 후원 결연 요청을 매정하게 거절했는데, 나에게는 꽤나 충격으로 다가왔다(나의 동기가 흔하디흔한 후원자 레퍼토리에서 벗어나지 못했나 보다). 당시에는 서운함이 가득해 시설 측의 입장을 이해하기 힘들었지만 이후 여러 보육 시설 관계자와 가까워지고 시설 아동의 삶을 이해하게 되면서 한 아이의 후원자가 된 뒤에도 아이와 직접적인 관계 맺기를 쉽게 허락하지 않는 시설 측 입장을 이해하게 되었다. 다름이 아니라 후원자(혹은 결연자)의 변심과 무례함으로부터 아이를 보호하기 위해서였다.

후원자의 변심과 무례함. 어떤 상황이 그간 되풀이되었을지 상상이 가는 대목이다. 쉽게 달아올랐다가 자신의 기대와 다른 순간 식어 버리는 열정, 자기만족을 위해 베푸는 선행, 겉으로는 아동을 위한다고 하지만 베풀 때 느끼는 우월감, 자신이 누군가에게 영향력 있는 인물임을 확인하고 싶어 하는 마음. 아마도 시설 측에서는 수천 번 확인했으리라. 보육 시설은 호의를 거절할 이유가 없다며 아동이 자신의 호의를 누리고 있으니 감사하며 잘 자라는 것으로 보답해야 한다는 기대를 아이와 만날 때마다 눈빛으로, 은근한 말투로 건네는 후원자에게 아이를 내맡기는 게 정말 괜찮은지 고민했을 것이다. 아이가 열심과 호의에만 집중하는 무례한 후원자에게 휘둘리다 상처받지 않도록 시설 측은 점점 더 아동 편에 서서 깐깐하게 결연을 관리하는 쪽으로 입장을 정했으리라.

보육원 아이를 돕고 싶은데 직접 만나 관계 맺기도 쉽지 않고, 아이를 위한 선의를 받아들여 함께 협력할 기관은 정녕 없는 걸까 낙심하던 차에, 입양계에서 관련 업무를 하던 선생님이 인천의 보육 시설 원장님으로 부임했다는 소식을 들었다. 반갑고 축하하는 마음으로 찾아간 보육 시설에서 이뤄진 첫 만남. 맡고 있는 아동들에게 좋은 것을 주고 싶어 골몰하고 있는 신임 원장님께 나는 오랫동안 꿈꿔 온 '확대가족 프로젝트'를 제안했다.

만 18세에 홀로 세상에 나서는 아이가 없도록, 결연 관계가 개인의 변심으로 끊어지거나 휘둘리지 않도록 여러 가정이 한 팀이 되어 격려하고 연대하며 아이의 확대 가족이 되어 주자는 계획이었다. 천천히 꾸준히 오래도록 이모와 삼촌 정도의 관계로 곁에 존재하면서 아이가 시설을 퇴소한 뒤에도 믿을 만한 언덕이 되어 주는 것을 목표로 확대 가족 프로젝트 1기를 시작해 보기로 했다.

참여할 가정은 건강한입양가정지원센터와 연결된 입양 가정에 한해 신청을 받았고, 결연하게 될 아동은 보육 시설의 초등·중학생 중에서 원가족과의 연결이 없거나 약해 가족을 경험한 시간이 적은 아이들 중 참여를 희망하는 아이들로 선정했다.

참여 신청 가정을 대상으로 2회기씩 사전 교육을 진행하며 아동의 삶에 대해 이해하고, 확대 가족으로 관계 맺으면서 지켜야 할 약속, 공동의 목표 등을 정했다. 아동의 원가족을 존중하는 의미에서 아동에게 엄마나 아빠라는 호칭 대신 이모나 삼촌 등으로 불리기로 했고, 아이를 위한 선물이나 용돈 역시 시설의 다른 아동을 배려해 절제하기로 했다. 좋은 뜻으로 시작한 확대 가족 프로젝트가 참여하지 않는 다른 아이들에게 박탈감을 주지 않도록 원장님과 선생님, 입양 부모님 모두가 동의한 약속이었다.

확대 가족 프로젝트 1기는 세 가정이 조촐하게 시작했다가 뒤늦게 두 가정이 합류해 다섯 가정의 결연으로 이어졌다. 그중에는 보호종료를 앞둔 고3 여학생이 두 명이나 있어 모두가 한마음으로 결연을 축하했다. 확대 가족 프로젝트 1기에 대한 소문이 퍼졌는지 2기 모집 때는 아홉 가정이나 신청했고, 교육과 사전 모임, 결연을 거친 뒤 아이와 잘 녹아든 2기 가정이 모두 모여 캠프도 하는 등 함께하는 기쁨을 누리기도 했다. 이후 3기까지 결연이 이어지며 확대 가족 프로젝트를 희망하는 입양 가족이 점점 늘어났고, 4기 신청을 위해 대기하는 가정도 생겨났다.

지속 가능한 연결의 숲,
어떻게 만들까?

한 해 두 해 지나면서 확대 가족 프로젝트 결연이 지속되지 않는 가정이 생기기 시작했다. 가장 큰 이유는 '아이와 시간을 어떻게 보내야 할지 모르겠다'는 것이었다. 아이를 집으로 데려와 밥을 해 주고, 가족과 함께 놀이도 하고, 새로운 곳을 경험하는 활동도 해 봤지만 아이가 좋아하는지 어쩐지 별 표현이 없고, 그 어색함을 견디기가 참으로 어렵다는 것이다. 초등학교 저학년 아이는 조금 덜하지만 초등학교 고학년이나 중학생 아이는 이미 호불호가 있어서 무언가를 해 줘도 쉽사리 좋다고 표현하지 않기도 하고, 자신이 원하는 것을 적극적으로 요구해 보지 못하며 자란 탓에 확대 가족과 어울리는 동안 별 감흥 없이 무표정하게 지내다 가니, 노력하는 어른으로서는 과연 아이에게 잘하고 있는 건지 헷갈린다고 했다. 생활동 선생님 말씀으로는 확대 가족을 만나고 돌아온 날이면 아이가 어김없이 선생님과 친구들에게 자랑을 늘어놓는다고 하는데, 막상 아이와 만나는 확대가족은 아이의 태도와 표정에서 즐거움이나 친밀감을 보기 어렵다 보니 이 만남이 아이에게 좋은 것인지 점점 자신이 없어진다고도 했다.

또 하나는 한 달에 한 번 만나는 것이 보통 의지로는 쉽지 않다는 것이다. 평일에는 모두 생업으로 정신없이 바쁘다 주말이 되어서야 가족과 시간을 보내게 되는데, 한 달에 두어 번은 경조사도 있고 외부 약속도 있다 보니 4주에 한 번꼴로 보육원에 와서 아이를 데리고 가 주말 동안 시간을 보내는 일을 하는 데 생각보다 큰 의지가 필요하다. 결연을 희망할 때만 해도 한 달에 한 번은 충분히 가능하리라 생각했지만 살다 보면 여러 변수가 생기기 마련이고 주말이라 해도 뭔가 쫓기는 느낌이다 보니 보육원과 거리가 먼 가정의 경우 왕복 몇 시간을 감수하며 아이를 데려오고 데려다주는 것도 큰일로 느끼게 된다.

같은 기수의 참여 가정끼리 중간 점검 시간을 마련해 마음처럼 쉬이 관계가 진전되지 않는 상황에 대해 속상함을 나누기도 하고, 아이와의 관계를 위해 무엇을 어떻게 다르게 하면 좋을까 토의하기도 하지만 시간이 흐를수록 기대와 다른 현실을 받아들이고 새로운 의지를 다지는 일은 그리 쉽지 않다. 내 삶의 영역에 있는 가족과 자녀를 돌보는 일만으로도 빡빡한 일상에서 한참 거리를 둔 장소에서 살고 있는 한 아이를 가끔 만나며 관계를 다지기란 여러모로 인내와 지혜가 필요한 일이다.

아이가 어느새 사춘기가 되며 만남이 더욱 어려워진 가정도 생겼고, 멀리 이사 가면서 방학 때만 만남을 이어가는 가정도 생겼다. 아이와 만나는 날을 지키려 부단히 노력하는 가정이 있는가 하면, 가정 내 큰일이 생겨 더는 어렵겠다며 돌아서는 가정도 생겼다. 아이를 위해 최소한 헤어질 때는 관계를 지속할 수 없는 이유를 설명하고 예의를 갖춰 안녕을 고하자던 초반의 약속조차 지키지 못한 채 만남이 중단된 가정도 생겼다. 엎친 데 덮친 격으로 코로나 때문에 보육 시설에 외부인 출입이 금지되고, 아이들도 외부로 자유롭게 외출할 수 없게 되었다. 확대 가족 프로젝트는 그렇게 잠정 중단되었다.

돌이켜보면 기관과 참여 가정, 아이 모두가 동의한 좋은 취지의 프로젝트였고, 처음의 마음은 진심이었다. 지금도 보호종료 아동의 퇴소 이후 삶을 대비하기 위해 확대 가족 형태로 결연하는 방식이 적합하다고 생각한다. 다만 이 모든 열심이 잘 작동하도록 돕는 장치가 미흡했던 듯하다. 나도 이런 큰 프로젝트를 처음 운영하다 보니 미처 생각하지 못한 장애물을 뒤늦게 발견하며 아차 싶은 순간도 있었다. 계획만큼 오래 이어지는 단단한 프로젝트가 되지 못했다는 아쉬움은 있지만 지금껏 끈이 이어진 가정도 있고, 이 과정을 경험하며 보호종료 아동을 향한 마음이 끝까지 이어질 수 있도록 돕는 지속 가능하고 섬세한 연결 방식에 대해 이전보다 촘촘히 고민하게 되었다.

내가 입양이나 시설 아동 관련 글을 쓸 때마다 관심을 표하는 분들과 미혼모의 안타까운 사연에 어떤 식으로든 엄마와 아이를 돕고 싶다고 의견을 표하는 분들을 볼 때면 그 선의를 어떻게 담아 싹을 틔울 수 있을까 고민한다. 묘목들이 적절한 햇빛과 양분을 받으며 자라 거대한 '연결의 숲'을 이루는 상상을 할 때면 가슴이 떨린다.

지속 가능한 결연을 고민하다 선명해진 한 가지는 뜨거운 열정을 가진 후원자나 자원봉사자보다 삶을 함께할 수 있는 매일의 이웃이 미혼모와 시설 아동, 보호종료 아동에게 더욱 필요하다는 사실이다. 시간이 나면 멀리서라도 달려와 주고, 중요한 행사 때 큰 도움으로 함께해 주는 후원자도 감사하지만 삶을 곁에서 바라봐 주고, 가만히 다가와 손

잡아도 어색하지 않은, 어제나 오늘이나 서로의 삶을 드나들 수 있는 정겨운 이웃이 더 많이 필요하다.

언젠가 다시 '연결의 숲'을 위한 프로젝트를 재개한다면 지역에서 가장 가까이에 있는 미혼모, 보호종료 아동, 보육시설 아동을 찾는 데서부터 시작하고 싶다. 후원자나 자원봉사자가 아닌 다정한 이웃으로, 오가며 인사 나누면서 언제라도 들를 수 있는 거리에서, 주는 이와 받는 이의 경계가 무색한 아주 작은 호의를 나누는 사이. 그런 촘촘한 연결을 꿈꾼다.

나는 여전히
파양에 반대한다

파양을 막기 위해 위기를 겪는 입양 가정을 만나고 있지만, 어떠한 노력에도 결국 파양을 선택하고야 마는 가정 곁에서 그들이 최대한 진실하게, 잘 이별하도록 도와야 하는 아이러니한 상황을 마주하게 된다. 파양 이후에도 아이와 가족의 삶은 계속되기 때문이다. 가족이 잘 헤어지도록 돕는 전문가라니.

'파양'은 이 일을 하겠다고 마음먹었을 때 상상도 못 한 장면이었다. 그런데 어느덧 그 단어가 가장 흔한 곳을 매일 거닐고 있다. 뱅글뱅글 도는 입양의 핵 한가운데로 진입한 느낌이랄까? 이곳에서는 방향 감각을 잃을까 봐 자꾸만 나침반을 보게 된다. 수시로 머리 위 하늘을 올려다보며 숨을 고르게 된다.

아이의 건강한 성장과 혹시라도 가능할지 모를 다음 기

회를 위해서라도 이제는 이 가정이 멈춰야 하지 않을까 생각할 때가 있다. 아이와의 삶을 이어갈 자신이 없고, 멈추기에는 비난이 두려운 현실 앞에서 멍하니 주저앉아 있는 부모에게 마지막으로 해 줄 수 있는 일은 무엇일까? 그들이 현실을 직시하도록 도와주는 일 외에 또 무엇이 있을까? 잘해 보겠다던 결심이 수백 번 무너지고, 결국 모든 것이 아이 탓이라며 통곡하는 어그러진 마음이 안타깝지만 아이를 위해 마냥 기다릴 수만은 없다고 느끼는 그때가 나는 가장 어렵다.

파양을 결정한 가정의 마무리 상담을 몇 차례 진행한 적이 있다. 이미 돌이킬 수 없을 만큼 마음이 멀어진 상태였던 터라 가족의 회복을 위한 상담이 아닌, 아이를 위해 어떻게 잘 이별할 것인가에 대한 상담이었다. 아이와 버티는 동안 하루에도 몇 번씩 목덜미를 잡고 쓰러질 듯 혈압이 오르내리던 부모의 모습이 막상 아이를 돌려보낸다는 결정 앞에 서자 한결 차분해 보였다.

우리가 무슨 짓을 한 건가? 결국 나는 이것밖에 안 되는 건가? 아이에게 상처를 가장 작게 주는 방법은 무엇일까? 이 상황을 무어라 설명하면 좋을까? 나를 포함한 모든 어른이 작은 아이 앞에서 부끄러움에 입을 다물 수밖에 없었다.

생부모와의 분리를 한 차례 겪고 입양 가정을 만난 아이들에게 닥치는 이런 이별은 치명적일 수 있다. 아직 어린 나이다 보니 슬픔과 상실을 감당하기 쉽지 않아 감정을 억누를 뿐 아이 안의 신뢰 체계는 무너지는 중이다. 누구도 신뢰할 수 없고 생존은 결국 자신에게 달려 있다는 신념이 공고해지며 누구와도 깊이 사랑할 수 없는 사람이 될 수 있다. 사랑을 건네고 싶어 입양한 아이가 사랑에 가장 무력한 상태가 되어 방출되는 잔인한 결말이다.

아이와 헤어질 때 꼭 해 주어야 할 말이 있다면 "네 잘못이 아니야"라는 말이다. 아이와 갈등하고 아이를 사랑하지 못해 현 상황에 이른 것은 사실이나 그것이 아이의 잘못이 아니라는 점, 어른인 우리가 너를 끝까지 사랑하지 못해서 미안하다는 점을 말해 주어야 한다. 더불어 함께한 시간 동안 아이에게서 본 좋은 면, 그간 미처 이야기해 주지 못한 아이의 가능성에 대해 말해 주는 것도 도움이 된다. 어떤 모양새라도 이별은 아이에게 깊은 상처를 주지만 적어도 아이가 스스로를 가치가 없어 버려진 아이로 인식하지 않도록, 이별의 원인이 자신이라고 인식하지 않도록 마지막 순간까지 어른들은 최선을 다해야 한다.

입양 가정에서 분리되면 아이는 어디로 가게 될까? 내가 마지막 이별 상담을 한 가정의 아이는 입양 이전에 지내던 보육원으로 가길 원했다. 하지만 그곳은 아이가 살던 가정의 행정구역을 넘어선 타 지자체에 있는 곳이라 판사의 특별한 배려가 필요했다. 아이의 부모는 자신들이 마지막으로 할 수 있는 일이 아이가 원래 있던 자리로 되돌아가도록 돕는 것이라고 생각해 나에게 판사에게 제출할 전문가 소견서를 부탁했다. 한 자 한 자 간절한 바람을 담아 소견서를 썼다. 심각한 외상을 입은 이 아이가 그나마 익숙한 고향으로 돌아가 치유될 기회를 주는 것이 어른인 우리가 건넬 수 있는 최대치의 배려가 아닐지 판사님의 자애로운 판결을 부탁드린다고 써 보냈다.

한 달 뒤쯤 문자가 왔다.

"선생님, 오늘 파양 판결 받았어요. 그리고 아이는 원래 있던 보육원으로 돌아갔어요."

다행이라는 생각도 잠시, '정말 이렇게 끝났구나. 아이와 가족은 다시 남남으로 돌아가 다른 하늘 아래 살아가겠구나!' 하는 생각에 삶이 참 모질게 느껴졌다. 정말 이런 날이 오는구나. 이런 풍경을 보게 되는구나.

십수 년 전만 해도 파양하는 부모는 괴물같이 생겼을 거라 생각했다. 아이를 사랑으로 품지 못해 방임하거나 학대하는 이들은 모두 머리 위로 뾰족한 뿔이 나 있어 누구라도 알아볼 만큼 악한 모습일 거라 생각했다. 살아 보니 그렇지 않다. 예상치 못한 일들이 우리 삶 속으로 어느 순간 비집고 들어오기 때문이다.

입양이 한 아이의 인생을 바꾸는 아름답고 숭고한 결정이라고 믿는 사람은 많지만, 그 변화를 위해 상처받은 아이를 받아들이고 사랑하기까지 끊임없이 한계와 마주하며 고통스러운 희생을 치러야 한다는 생각은 부족한 듯하다. 입양을 평생 이어지는 가족의 '삶'으로 인식하기보다 한 아이를 구원하는 감격스러운 '순간'에 머물러 있는 탓이 아닐까?

친생 자녀를 잘 키웠다고 자부하는 부모일수록, 첫 입양 자녀를 수월하게 키운 부모일수록 앞으로의 입양도 자신의 바람처럼 되리라고 비현실적인 기대를 하기 쉽다. 그러나 비현실적인 기대가 클 수록 실제 삶에서 예상치 못한 어려움을 겪을 가능성도 커지기에 무척 위험하다. 입양으로 만날 아이는 기대와 전혀 다를 수 있고, 아이가 이전에 경험한 일들이 이후의 삶에서 어떤 '케미'를 일으킬지는 살아 봐야 알 수 있기 때문이다.

입양은 그 어떤 행복도 보장하지 않는다. 오히려 불확실함과 두려움의 파도를 타며 평생 도전을 받아들이는 일에 가깝다. 인생의 다른 영역이 그러하듯 확고한 믿음으로 무장한 이들보다 '그럴 수도 있겠네…'라며 흔들릴 준비가 된 유연한 이들이 더 잘 통과할 수 있다. 내가 생각한 입양과 다르더라도 기꺼이 귀를 열고 마음을 내어놓을 수 있는 이들이 아이의 손을 잡고 한 발 한 발 전진하는 삶이 진짜 입양 아닐까?

　내가 생각한 것과 달라서 입양을 끝내야겠다는 말은 내가 생각한 것과 달라서 인생을 끝내야겠다는 말과 어떻게 다를까? 인생에는 선택해야 하는 순간도 있지만 더 많은 시간이 그 선택을 책임지는 시간으로 채워진다. 입양은 '한 아이의 세상을 바꾸는 일'이 아니라 '한 아이의 세상을 바꾸기 위해 평생 가족이 되는 일'이다. '평생'이라는 단어와 '상실'이라는 단어가 부담스럽다면 입양은 당신에게 좋은 선택이 아니다.

촘촘한 연결,
안과 밖 넘나들기

입양계는 지난 반세기 동안 섬처럼 존재해 왔다. 정부의 관리·감독은 물론 입양의 문제를 들여다보고 협력할 수 있는 외부 기관과 전문가가 없었기 때문이다. 20여 년 전까지는 입양 기관 실무자의 목소리가 절대적이었고, 그다음 십여 년은 입양을 경험한 입양 부모의 목소리에 힘이 실렸다. 외부 전문가가 입양의 문제점을 지적하기라도 하면 "혹시 입양해 보셨어요? 입양해 보고 좀 아신 후에 말씀하세요!"라는 피드백이 돌아오기 일쑤였다.

2012년 입양특례법 개정 이후 처음으로 판사들 앞에서 강의하게 되었을 때, 이제야 입양이라는 섬을 육지와 잇는 다리가 생기는구나 싶었다. 이후 법원 가사조사관들의 요청으로 위기 입양 가정을 돌볼 기회, 파양 가정을 위한 소견서 등을 제출할 기회가 생기면서 가정법원이 입양계 내부의 완전한 협력 기관이 되었음을 느꼈다.

  초록이 완연한 2021년 5월의 어느 날, 전국에서 모인 건강가정지원센터 선생님들을 대상으로 '입양 가정의 이해' 강의를 오전, 오후 내내 진행했다. 전국 단위로 거점 센터가 잘 마련된 건강가정지원센터와 입양계의 협력이 진작 필요했지만 입양에 대한 경험 부재와 입양계의 폐쇄성 탓에 오랜 시간 연결 지점을 찾지 못해 왔다. 작년에 발생한 입양 가정 학대 사건을 계기로 건강가정지원센터 가족 대상 서비스에 입양 가정을 적극적으로 포함하도록 하면서 입양 가정에 대한 이해를 돕는 강의를 처음으로 요청해 왔다.

  새벽부터 전국에서 올라온 선생님들을 보니 반갑기도 하고 왠지 모를 감동이 일었다. 이제야 여러 외부 기관과 협력하며 입양계를 가꿔 가는 시기가 도래한 건가? 입양의 문제를 입양계 내부에서만 논의하니 제자리걸음을 한다고 느끼던 시절이 있었다. 사회의 편견보다 입양계 내부의 편견이 훨씬 깊다고 여겨 변화하려면 아직 멀었구나 하고 생각한 순간도 많았다. 많은 외부 전문가와 기관이 입양계와 유기적으로 협력하길 늘 바라 왔는데 이제야 여러 방향에서 문이 열린 듯 변화의 바람이 불어온다.

  마스크를 쓴 채 다섯 시간을 강의하려니 정말 숨 가쁘고 힘들었지만 교육이 끝난 뒤 협력을 요청하는 센터 선생님들이 꽤 있어 기뻤다. 이제 입양계는 외딴 섬이 아니라 다리가 연결되고 외부 자원이 들어와 함께 가꿔 가는 내륙 같은 생태계가 될 것이라 기대한다. 시간이 걸리더라도 입양을 이해할 수 있도록 돕고 어려움을 풀어 가며 진정한 협력을 이뤄 가고 싶다.

개인의 입양에서
모두의 입양으로

 문 앞에 도착해 초인종을 누르기 전, 다급했던 통화 내용을 떠올리며 얼마간 기다린다. 잠시 후 만나게 될 첫 얼굴, 그 뒤로 펼쳐질 내밀한 삶의 현장과 새롭게 목도할 입양의 단면을 떠올리면 나도 모르게 심호흡을 하게 된다. 경쾌한 초인종 소리가 들리고 문이 열리기까지의 찰나, 내 안에서 작은 목소리가 묻는다. '너는 무슨 용기로 타인의 삶에 들어서니?'
 열린 문을 통해 마주하는 첫 얼굴은 대개 두려움과 반가움이 뒤섞여 있다. '용기'라는 단어는 자신의 수치와 두려움, 말하기 힘든 실패감을 타인 앞에 꺼내기로 결심한 이들에게 어울리는 말이 아닐까? 열린 문을 통해 그들의 세상으로 더 깊이 들어간다. 적막하고 무거운 분위기가 감도는 먼지 한 톨 없이 반듯하게 정리된 거실, 유아 물품과 살림살이 그리고 빨래 광주리와 책들이 함께 나뒹구는 거실, 어느 한

곳 손때가 묻지 않은 곳이 없는 낡고 오래된 거실, 가족의 찬란한 시절을 담아낸 사진으로 장식된 매끈한 공간을 보노라면 이들의 삶이 어떻게 지금에 이르렀는지 조금은 느껴지는 듯도 하다. 힘든 마음을 누구도 이해하지 못할 거라며 마음의 빗장을 걸어 잠갔던 이들이 어떻게 문을 열었을까? '상심(傷心)'의 주파수가 우리를 연결한 건 아닐까?

내게도 깨어진 마음이 있다. 사랑하는 이의 갑작스러운 비보에 생의 질서가 뒤엉키고, 입양으로 만난 큰딸 앞에서 괴물이 된 나 자신과 싸우느라 상한 마음이다. 그 마음은 시간이 흘러 제자리를 찾거나 새로운 모양으로 이어지긴 했지만 아무 일 없었던 것처럼 사라지지는 않았다. 오히려 비슷한 파동을 느끼는 순간 선명하게 빛을 깜빡이며 주파수를 맞춰 갔다. 그렇게 맞춘 작은 통로로 흘러들어 온 입양 가정의 벌거벗은 삶과 날것의 감정이 언제부터인가 두렵지 않았다. 실망스럽거나 밉지도 않았다. 오히려 그들의 아픔을 꺼내는 안전한 대상이 될 수 있음에, 원하는 변화를 그리는 자리에 함께 있을 수 있음에 감사한 마음이 들었다. 만날수록 그들과 나는 하나도 다르지 않다고 느꼈다.

한 달에 한 번 건강한입양가정지원센터 선생님들과 위기 지원을 받는 입양 가정의 어려움을 공유하고 어떤 과정과 자원을 들여 어떻게 성장과 변화를 도울지 계획하는 통합 사례 회의를 한다. 입양 가정의 문제를 골방에서 끄집어내 환한 빛을 비추며 펼쳐 보면 입양 가정이 그간 얼마나 많은 편견과 환상, 기대에 갇혀 스스로의 삶을 옥죄어 왔는지가 드러난다. 세상이 기대하는 입양 가정의 선한 이미지, 모성과 사랑에 관한 환상, 육아의 성공과 실패를 주 양육자(주로 엄마)에게 일임하는 구조, 입양이 활성화되려면 부정적인 이야기를 밖으로 내어서는 안 된다는 암묵적 분위기 등, 지난 20여 년간 입양에 대한 긍정적 인식을 형성하기 위해 쏟아부은 열심이 오히려 입양 가정의 발목을 잡는 건 아닐까?

삶으로 들어온 입양은 아름답거나 매끈하지 않다. 박제된 이미지가 아니라 살아 있는 당사자의 욕구가 뒤엉키고 풀어지는 삶의 현장이기 때문이다. 살아 내느라 흔적이 남고, 성장하느라 새겨지는 나이테와 같달까? 그래서 입양에는 '성공'이나 '실패'가 아닌 '여정'이라는 단어가 어울린다. 입양은 더 많은 면에서 이해받아야 하고, 실제가 알려져야 하며, 다양한 방면의 자원이 들어와 함께 가꿔 나가야 한다. 입양 이후 어려움을 겪는 개인 또는 가정이 홀로 버티지 않도록 손을 잡고, '삶으로서의 입양'을 어떻게 안전하게 인도해야 하는지 함께 고민하는 것, 그렇게 개인의 입양을 모두의 입양으로 만드는 것이 우리가 할 일이라고 믿는다.

앞으로 입양계의 풍경이 많이 바뀔 것으로 기대된다. 출생률 하락, 미혼모의 양육 증가, 공적 체계에서 생부모 상담 진행 등의 이유로 입양 대상 아동이 급격히 줄어든 반면 입양을 기다리는 입양 부모의 비율은 늘었다. 입양 진행 절차의 주체가 점점 공공으로 무게중심을 옮겨 가고 있고, 입양 준비 과정의 내실화와 입양 사후 서비스의 전문화를 위해 곳곳에서 논의와 시범 사업, 연구를 진행하고 있다. 또 입양을 홍보하는 방식과 내용에도 변화가 필요하다는 목소리가 커지고 있다. 긍정적인 이미지를 내세운 지금까지의 입양 홍보는 입양에 대한 대중의 인식을 평면적이고 단편적으로 만드는 데 일조해 왔다. 수십 년이 지나도 입양에 대한 인식이 바뀌지 않는 것은 정형화된 입양 홍보, 매번 익숙한 입양 서사와 무관하지 않다.

앞으로 입양 부모가 될 MZ세대를 생각한다면 일방향의 전형적 입양 홍보에서 벗어나 진솔한 이야기와 다양한 측면으로 입양을 조명하는 입체적 방식의 인식 개선 캠페인이 필요하다. 획일화되고 박제된 입양 이미지로는 생명력 있는 생태계를 만들 수 없기에 입양 가정의 수만큼, 입양인의 얼굴과 생부모의 삶만큼 다양한 이야기가 세상으로 흘러가야 한다.

입양계에 뿌리내린 지 어느덧 15년이 되었다. 입양 부모가 되고 입양 가족 자조 모임을 이끌다 입양 사후 서비스 실천가로 현장을 누비며 지내 왔다. 무슨 용기로 타인의 삶에 그리 성큼성큼 걸어 들어갔느냐고 묻는다면, 성공과 실패로 구분되지 않는 입양, 섬세한 분리와 안전한 연결이 있는 입양, 모든 이가 안전하게 완주하는 새로운 입양 지도를 만들고 싶어서였다고 말하고 싶다. 혼자서는 해낼 수 없는 일이라는 것, 더 많은 이들과 연대가 필요하다는 것, 그래서 함께해 달라고 먼저 손 내밀어야 한다는 것을 배웠다.

누구도 배제되지 않고, 아무도 실패하지 않는 모두의 입양을 꿈꾸며 오늘도 초인종을 누른다. 열리는 문 안으로 성큼 들어간다.

함께 읽어요!

《부모가 알아야 할 입양인의 속마음 20가지》

셰리 엘드리지 지음, 라테 옮김, 가족나무, 2018

수십 년간 입양인을 상담하고 입양 부모 교육을 이끌어 온 작가이자 당사자, 입양 전문가인 셰리 엘드리지의 책을 국내 입양 엄마 모임인 라테에서 번역했다. 미국 입양기관들이 추천하는 필독서로 국내에 출간되자마자 입양 부모 사이에서 큰 반향을 일으켰다. 이 책은 입양 부모 중심으로 바라보는 입양에서 벗어나 입양인이 말하는 특수 욕구와 건강한 정체성 형성에 필요한 부모의 역할을 섬세하게 알려 준다. 공개 입양 가정이라면 입양 자녀와 어떻게 입양 이슈를 다루며 자녀의 발달과 성장을 지원해야 하는지 다양한 힌트를 얻을 수 있다.

《상처받은 아이 입양하기》

그레고리 케크·레지나 쿠페키 지음, 김외선 역음, 한국입양가족상담센터, 2020

입양 부모이자 상담심리학 박사인 김외선 한국입양가족상담센터장이 입양 자녀를 잘 이해하기 원하는 입양 부모와 전문가를 위해 번역 출간한 책이다. 큰 아이(만 1세 이상 아동)를 입양한 가정이나 입양 자녀가 경험하는 심리적 어려움을 이해하고자 하는 가정에 필요하다. 생애 초기에 출생 가족으로부터 분리되고, 새로운 양육자와 자주 이별해야 했던 아이들이 어떤 상실을 경험하고 심리적 문제를 겪는지 배울 수 있다.

《부르고 싶은 자장가》

자넷 재프·마사 다이아몬드·데이비드 다이아몬드 지음,
정혜련 옮김, 노랑북스, 2018

난임 가정을 위한 치유와 성장 가이드라는 부제에 맞게 난임에 대한 새로운 관점, 이후의 삶, 선택 등을 고민하게 하는 책이다. 한 번도 생각하지 못한 난임을 경험하며 겪는 상실의 감정, 그로 인한 다양한 상황과 좌절을 어떻게 애도하며 대처해야 하는지 이야기한다. 불임 이후 부모되기(입양)에 대한 이야기도 놓치지 않는다. 난임 가정이라면 이 책을 통해 난임과 관련된 상실을 마주하고 건강하게 애도의 시간을 보내는 데 도움이 될 것이다.

《아침이 온다》

츠지무라 미즈키 지음, 이정민 옮김, 몽실북스, 2017

입양인, 생모, 입양 부모. 세 당사자의 삶이 어떻게 연결되는지 보여 주는 미스테리 형식의 소설이다. 영화와 드라마로도 제작되었다. 입양하고 싶은 가정 혹은 입양 부모가 읽으면 생부모의 삶과 선택을 폭 넓게 이해하는 데 도움을 준다. 첫 장을 넘기면 앉은 자리에서 마지막 장까지 넘기고 말 정도로 내용 몰입도가 높다.

《아직도 가야 할 길》

M. 스캇 펙 지음, 신승철·이종만 옮김, 열음사, 2007

세계적으로 사랑을 받고 있는 스캇 펙 박사의 책이다. 훈육, 사랑, 성장과 종교, 은총 등 4부로 구성되어 있다. 특히 훈육과 사랑은 자녀를 사랑하고자 애쓰는 수많은 부모에게 성경처럼 묵직한 영감과 위로를 건넨다. 낯선 아이를 만나 사랑하고자 애쓰는 입양 부모들과 이 책을 나누면서 함께 울고, 웃으며 터널을 통과했다. 사랑이 중요하다고 느끼는 이들, 자녀를 건강하게 사랑하기를 꿈꾸는 부모라면 일독을 권한다.

《우리는 저마다의 속도로 슬픔을 통과한다》

브룩 노엘·패멀라 D. 블레어 지음, 배승민·이지현 옮김, 글항아리, 2018

사랑하는 이를 상실한 사람들의 애도 과정에서 손을 내밀어 주는 선물 같은 책이다. 애도라는 낯선 세계의 풍경을 설명하고 그 안에서 자신을 지키며 어떻게 통과해야 하는지 여러 사례를 들어 설명한다. 친구와 부모, 자녀와 연인, 배우자, 형제자매를 잃었을 때 혹은 자살 유가족이나 대형 참사를 겪는 사람들을 위해 챕터를 나눠 세세하게 이야기하고 있으므로 자신의 상황에 맞춰 읽어도 좋다. 현장에서 상실을 경험하고 애도하는 내담자(혹은 이용자)를 만나는 일을 하는 사람들에게 따뜻한 가이드가 될 것이다.

《우리 아이가 슬퍼할 때》

존 제임스·러셀 프리드만·레슬리 랜던 매슈스 지음,
홍현숙 옮김, 북하우스, 2004

책이 절판되어 중고서점에서 구해 읽었다. 상실을 경험한 자녀를 키우는 부모 혹은 선생님, 상담사 등 주변 어른들이 어떻게 아이의 마음을 이해하고 도울 수 있는지 알려 주는 보석 같은 책이다. 특히 아이들에게 드러난 상실과 감추어진 상실에 대한 이해와 여러 통념(예: 슬퍼하지 말아라, 상실감을 다른 것으로 대체하라, 슬픔을 혼자 견뎌라 등)이 그동안 얼마나 건강한 치유를 막아 왔는지 설명한다. 이 책은 아이보다 부모가 먼저 상실을 잘 다뤄야 한다고 강조한다. 아이들은 부모가 보여준 대로 하기 때문이다.

 건강한입양가정지원센터 www.guncen4u.org

건강한입양가정지원센터는 입양 이후 삶에서 마주하는 여러 과제 해결을 돕기 위해 설립된 입양사후서비스 전문기관으로 입양 삼자의 생애 발달에 근거하여 교육과 상담, 자조모임과 통합지원서비스를 제공하고 있습니다.

우리아이 속마음 함께 읽기(연 2~3회, 1일 2시간 5회기 과정)
《부모가 알아야 할 입양인의 속마음 20가지》를 교재로 입양 자녀를 양육하며 반드시 알아야 하는 입양인의 특수 욕구에 대해 배우는 프로그램

입양말하기 세미나(연 2~3회, 1일 2시간 2회기 과정)
공개 입양 가정을 대상으로 입양 말하기의 이론과 실제를 배우는 워크숍 형식의 프로그램

우.편.함(우리는 당신 편! 함께 양육해요) 지지그룹 (연 2~3회, 4회기 과정)
입양 자녀를 둔 어머니들이 자신의 강점을 찾고, 서로의 경험을 통해 배우며, 스트레스를 해소하고 서로 응원하는 프로그램

입양 상담
예비 입양 가정을 위한 상담, 비밀 입양 가정을 위한 상담, 입양 자녀 이해를 돕는 상담, 입양말하기 가이드 상담, 뿌리 찾기와 재회 준비 상담, 큰 아이(연장 아동) 입양 가정 상담 등

국내 입양가정 통합서비스
입양 가정과 성인 입양인, 생부모가 당면한 삶의 복합적인 어려움을 지역 사회 안에서 다양한 자원과 연계하여 당사자에게 안정을 제공하는 서비스

〈교육 및 상담 문의〉
전화_ (031) 410-0513   이메일_ guncen4u@naver.com